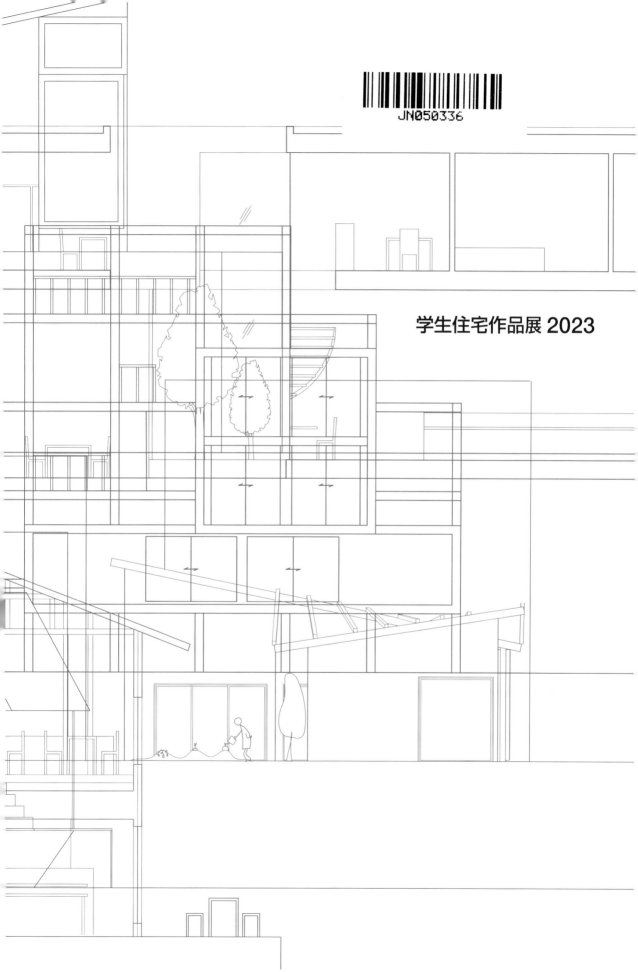

JN050336

学生住宅作品展 2023

はじめに

この度、住宅設計課題合同講評会を無事開催できたことを大変嬉しく思います。まず開催にあたり、支えてくださった各大学の先生方、株式会社建築資料研究社／日建学院の皆様にこの場を借りて感謝申し上げます。本講評会は建築を学ぶ学生同士が交流して学習の理解を深め、兵庫県下で建築を学ぶ学生全体のステップアップの場を創出することを目標としています。

2年目となる今年度は、昨年度開催した学生住宅作品展を引き継ぎ、規模を拡大して兵庫県5大学へ参加者を募って開催されました。また、学生主体の建築の学びの場の提供のため、初年度同様に学生実行委員会を設立し学生自身で会のプログラムの構成・進行を行いました。建築の学習に意欲的な学生の参加により今年度もレベルの高い作品が数多く出展され、学生実行委員の献身的な働きぶりが功を奏し、講評会自体のレベルが更に高まったと感じています。

今後も学生の建築の学びの場として、また建築学生同士の交流の起点としてこの講評会が継続していくことを願っています。

学生住宅作品展2023 実行委員
代表 渡辺 賢太郎 、副代表 仲田 有志

受賞作品

最優秀賞
「 円でつながる家 」
岡田 真奈　武庫川女子大学

板坂賞
「 木をつつむ家 」
北野 貴章　関西学院大学

優秀賞
「 木に集う 」
塩田 紫乃　関西学院大学

大手前大学賞
「 まもり、つなぐ、犬との生活 」
寺田 春芽　関西学院大学

優秀賞
「 Walls ／ただいま 」
野口 覇　関西学院大学

関西学院大学賞
「 変化のある家 」
島袋 真衣　武庫川女子大学

優秀賞
「 回遊シェアハウスとまちの広場になる食堂 」

志柿賞
「 鉄板でつながれた家 」
前野 ふらの　武庫川女子大学

神戸芸術工科大学賞
「 Land Mark 」
中川 貴世　武庫川女子大学

奨励賞
「 JIGUZAGU HOUSE 」
岩下 菜摘　武庫川女子大学

神戸大学賞
「 庭になる家──北野 ハンター坂 」
鬼塚 己生　関西学院大学

奨励賞
「 光の降る家 」
高木 晴代　武庫川女子大学

武庫川女子大学賞
「 つながる空間 」
橘 柚希　神戸芸術工科大学

CONTENTS

▌開催概要

兵庫県は、南は瀬戸内海、北は日本海に面し、中央に比較的穏やかな山間部を擁する風土的多様性の中、日本最古の民家が現存する一方で明治以降の西洋化の中で、いち早く住環境を軸に独自の都市文化を形成してきた歴史的背景があります。

このような地域リソースを踏まえて、兵庫県下の大学で建築を学ぶ2年生を中心とした住宅課題合同講評会があったら良いのではという発意からはじまったこの講評会も、2年目となり参加校も5大学となりました。

2年目の開催に向けて教員間の議論の中、合同講評会開催ありきではなく、まずは、兵庫県下にある大学の建築研究教育部門が連携し、未来に向けたヴィジョンの創生そして優れた人材の育成につながる試みが重要であるとの再認識のもと、本住宅合同講評会を位置付けるため住環境デザインの教育・研究・提案を軸にした「住環境デザイン」兵庫大学連携研究会を立ち上げました。

このような背景のもと、今年度の合同講評会も昨年度同様に参加大学の学生による学生実行委員会を組織し、教員は裏方と講評に徹し、2023年3月18日、19日の会期で、神戸三宮にある神戸サンボーホールに58作品*が集まり盛大にプレゼンテーションと講評が熱く繰り広げられました。

なお、今年度のゲストクリティークには建築家の板坂留五さんをお呼びしました。

＊うち1作品は掲載辞退となり、本書掲載作品は57作品。

主催

学生住宅作品展2023 実行委員

開催日程

2023年3月18日（土）〜 3月19日（日）

会場

神戸サンボーホール

審査方法

■ 一次審査

審査員が二人一組で別々に作品展示ブースを巡回し、学生による作品説明と質疑応答を経て審査。個別審査投票による投票集計結果をもとに、協議の上で一次審査通過21作品を決定。

■ 二次審査

一次審査通過者のプレゼンテーション＋質疑応答（各作品：10分）により各賞を決定。二次審査の様子はオンラインで配信。

審査員

板坂 留五	RUI Architects
岩田 章吾	武庫川女子大学 生活環境学部 生活環境学科 教授
志柿 敦啓	志柿敦啓建築設計事務所、関西学院大学 非常勤講師
末包 伸吾	神戸大学 工学部 建築学科 教授
槻橋 修	神戸大学 工学部 建築学科 教授
畑 友洋	神戸芸術工科大学 芸術工学部 環境デザイン学科 准教授
原 哲也	関西学院大学 建築学部 教授
増岡 亮	大手前大学 建築&芸術学部 准教授
八木 康夫	関西学院大学 建築学部 教授
米田 明	関西学院大学 建築学部 教授

▍スケジュール

3月18日（土）	
10:30～12:00	会場設営
13:00～17:00	学生同士の交流、作品講評
3月19日（日）	
10:00～12:00	一次審査
13:00～16:00	二次審査

発表作品
1.「庭になる家──北野 ハンター坂」 鬼塚 己生　関西学院大学
2.「CORNERS」 岸田 早映香　関西学院大学
3.「木をつつむ家」 北野 貴章　関西学院大学
4.「景色を切り取る家」 酒本 健太郎　関西学院大学
5.「木に集う」 塩田 紫乃　関西学院大学
6.「まもり、つなぐ、犬との生活」 寺田 春芽　関西学院大学
7.「Walls ／ただいま」 野口 覇　関西学院大学
8.「自然がつなぐ螺旋空間」 是常 友里　神戸芸術工科大学
9.「つながる空間」 橘 柚希　神戸芸術工科大学
10.「円でつながる家」 岡田 真奈　武庫川女子大学
11.「Land Mark」 中川 貴世　武庫川女子大学
12.「繋ぐイエ──大きなひとつのイエを共に過ごす。」 中村 友希乃　武庫川女子大学
13.「回遊シェアハウスとまちの広場になる食堂」 前野 ふらの　武庫川女子大学
14.「JIGUZAGU HOUSE」 岩下 菜摘　武庫川女子大学
15.「変化のある家」 島袋 真衣　武庫川女子大学
16.「光の降る家」 高木 晴代　武庫川女子大学
17.「光の遊び場」 中川 貴世　武庫川女子大学
18.「鉄板でつながれた家」 前野 ふらの　武庫川女子大学
19.「御福分之家──Ofukuwake-House」 磯野 巧輔　神戸大学
20.「窓がつなぐ、まちと家カフェ」 山田 乃愛　大手前大学
21.「テラスに集う家」 山仲 茜音　大手前大学

16:00～16:30	各賞決定、表彰式
16:30～17:00	板坂氏総評
17:00～18:00	片付け、作品搬出

大手前大学
OTEMAE UNIVERSITY

カフェ空間のある複数世代の住宅　2年次(後期)

計画地　　兵庫県神戸市東灘区岡本(敷地面積350m²)

用途地域　第一種中高層住居専用地域(建ぺい率60%、容積率200%)

設計条件　【居住者】

子世帯4人家族(30代の夫婦、夫は会社員、妻はインテリアコーディネーター、長女9歳、長男6歳)

夫の60代の両親(共に定年退職しており、父は料理人)

【必要施設】

〈住居部分〉

夫婦の主寝室、子供室、妻の仕事場、リビング、ダイニング、キッチン、浴室、洗面脱衣室、トイレ、玄関、階段、両親の寝室、駐車場1台分、駐輪場2台分、その他

〈カフェ部分〉

客席30席、キッズスペース、厨房15m²、食品庫5m²、スタッフルーム15m²、多機能便所4m²、男女各1か所の便所、駐車場1台分、駐輪場5台分、倉庫、その他

〈両親経営貸室部分〉

文化教室50m²、流し台や倉庫など5m²、スタッフルーム2名分10m²、多機能便所4m²、男女各1か所の便所、その他

提出物　　設計趣旨(200字程度)、ダイアグラム、面積表

各種図面(1/100)

内観パース1カット以上

外観パース(模型写真、CGパース、手書きパースなど)

模型(1/50、材料は自由、敷地周辺並びに道路を含むことが望ましい)

傾斜地に立つ戸建て住宅の設計　2年次(前期)

計画地　　F・L・ライト氏設計「旧山邑邸」の敷地(兵庫県芦屋市山手、敷地面積700m²)

用途地域　第一種低層住居専用地域(建ぺい率40%、容積率80%)

設計条件　【居住者】

4人家族(50代の夫婦、夫はIT関係会社員、妻はグラフィックデザイナー、長女20歳、長男18歳)

【必要施設】

夫婦の主寝室、子供室2室、リビング、ダイニング、キッチン、浴室、洗面脱衣室、ゲストルーム、トイレ、玄関、階段、収納、書斎、アトリエ、駐車場2台分以上、駐輪場、外部スペース、その他

【構造】

木造またはRC造、2階建て

提出物　　設計趣旨(400字程度)

各種図面(1/100) 但し配置図は1/500

室内パース(着色すること)

模型(1/100、材料は自由)

関西学院大学
KWANSEI GAKUIN UNIVERSITY

FAMILY ACTIVITY SOCIAL　3年次（後期）

計画地	大阪府大阪市北区中崎西（敷地面積200m²）
用途地域	第二種住居地域（建ぺい率60%、容積率200%）
設計条件	【居住者】
	4人家族（両親と子供2人、家族のライフスタイル及び社会との関わり方を各自設定すること）
	【必要施設】
	ベッドルーム20m²、子供室2室各15m²、リビング30m²、ダイニングキッチン計25m²、浴室脱衣室計15m²、ゲストルーム15m²、駐輪場15m²、トイレ、玄関、階段、収納、廊下、吹抜、その他
	【構造】
	RC造またはS造、2階建てないし3階建て
提出物	設計趣旨（最大400字）、タイトルを表示すること
	各種図面（1/50）
	模型写真または外観透視図
	模型（1/50、樹木や外構も表現すること）

Place with a Habit: Architect's house and atelier　2年次（前期）

計画地	兵庫県三田市中町（敷地面積345m²）
用途地域	第二種住居地域（建ぺい率60%、容積率200%）
設計条件	【居住者】
	3人家族（建築家である両親と子供1人、父は48歳で趣味はアウトドア、妻は47歳で趣味はガーデニング、長男16歳）
	【必要施設】
	〈住居部分〉
	ベッドルーム18m²、ウォークイン・クローゼット（主寝室に隣接）10m²、子供室18m²、リビング25m²、ダイニングキッチン計22m²、浴室脱衣室計8m²、予備室（和室でも可）13m²、駐輪場3台分、トイレ、玄関、階段、収納、廊下、吹抜、その他
	〈建築事務所部分〉
	オフィス（建築家の両親以外に所員2人）22m²、倉庫（オフィス隣接）10m²、打ち合わせ室13m²、ミニキッチン、トイレ、収納、その他
	【構造】
	構造形式並びに屋根形状はともに自由、3階建てまで、地階は不可
提出物	設計趣旨（最大400字）、タイトルを表示すること
	各種図面（1/50）但し配置図兼屋根伏図は1/500
	模型写真または外観透視図
	空間構成を示すダイアグラム図、インテリアスケッチ
	模型（1/100、樹木や外構も表現すること）

FAMILY / Regional / NEW NORMAL / SOCIAL ISSUE ハンター坂に建つ家　2年次（前期）

計画地	兵庫県神戸市三ノ宮（敷地面積200m²）
用途地域	第二種住居地域（建ぺい率60%、容積率200%）
設計条件	【居住者】
	3人家族（両親と子供1人、両親のうちどちらかは芸術家とする。芸術活動は各自で自由に設定）
	【必要施設】
	アトリエ35m²、ベッドルーム20m²、子供室2室各15m²、リビング25m²、ダイニングキッチン計20m²、浴室脱衣室計10m²、ゲストルーム15m²、駐輪場1台分、トイレ、玄関、階段、収納、廊下、吹抜、その他
	【構造】
	RC造、2階建てないし3階建て、地階も可
提出物	設計趣旨（最大400字）、タイトルを表示すること
	各種図面（1/50）
	模型（1/100、樹木や外構も表現すること）

神戸芸術工科大学
KOBE DESIGN UNIVERSITY

9坪の木造住宅　2年次（後期）

計画地　　増沢洵氏設計「最小限住居」の敷地（東京都渋谷区、建築面積約30㎡）

設計条件　【居住者】
　　　　　自由に設定してよい
　　　　　【計画について】
　　　　　敷地内の外部空間もデザインすること。周辺環境は2階建てを主とした住宅地である。
　　　　　【構造】
　　　　　木造、3階建てまでとする

提出物　　設計趣旨
　　　　　各種図面（1/50以上）
　　　　　ダイアグラムなどの図表
　　　　　模型（1/50、家具などスケールの分かる添景まで作成すること）

神戸大学
KOBE UNIVERSITY

開かれた家　2年次（後期）

計画地　　以下より選択するものとする
　　　　　A敷地（兵庫県神戸市灘区、阪急六甲駅北側、建築面積約230m²）
　　　　　B敷地（兵庫県神戸市灘区、六甲八幡神社南側参道沿い建築面積約160m²）
　　　　　C敷地（兵庫県神戸市灘区、阪神・淡路大震災土地区画整理事業区域内で北側に六甲道北公園、建築面積約230m²）

用途地域　A敷地：第一種中高層住居専用地域（建ぺい率60%、容積率200%）
　　　　　B敷地：第一種中高層住居専用地域（建ぺい率60%、容積率200%）
　　　　　C敷地：第一種住居地域（建ぺい率60%、容積率200%）

設計条件　【居住者】
　　　　　居住者構成とそのライフスタイル、住宅設計の基本条件は各自で設定することとし、単身や親族以外の同居も可とする。
　　　　　【計画について】
　　　　　居住者構成とライフスタイルに応じた空間構成や周辺環境を活かした設計を行う。
　　　　　標準家族のための専用住居としての必要施設に留まらず、家族以外の者による居住や利用等、新たな暮らしへの提案も含むものが望ましい。
　　　　　【構造】
　　　　　構造形式、階数共に自由に想定

提出物　　設計趣旨、面積表
　　　　　各種図面（1/100以上）
　　　　　透視図、外観スケッチ
　　　　　模型（1/100）

武庫川女子大学
MUKOGAWA WOMEN'S UNIVERSITY

民家の多目的スペース＋コミュニティカフェへのリノベーション　2年次(後期)

計画地	兵庫県西宮市甲風園(敷地面積約236㎡)
用途地域	第一種住居地域(建ぺい率60％、容積率200％)
設計条件	【居住者】
	建物所有者
	【計画について】
	建物所有者＋事業主から以下のような要望が提示されたとする。
	①コミュニティカフェ：周辺環境を踏まえ、子ども食堂や不定期でコンサートや講演会なども行うことのできる地域住民の居場所となる空間
	②多目的スペース(1〜3室)：展覧会やワークショップ、地域ボランティアや趣味の活動のためスペースやワークスペースとしても使える空間(少なくとも一つは給排水設備を持ち、また、少なくとも一つはカフェと切り離して使用が可能であること)
	③蔵書スペース：オーナーが所蔵するアート系書籍を中心とする蔵書約2千冊や、寄贈された書籍を収容できるスペース
	④オフィススペース(4名)：カフェの運営も兼任するデザイン事務所
	⑤1階に男女別トイレ、2階にミニキッチンとトイレを設ける
	その他、提案するプログラム上必要な空間(倉庫、作業場、更衣室、シャワー室など各自が設定) 但しデッキやテントスペースなどによる仮設的な建築を設けることは可能だが、増築は不可とする。
提出物	設計趣旨、ダイアグラム、スケッチなど
	各種図面(1/50)
	スケッチパース1点以上
	模型写真
	模型(1/50、内部空間のイメージが伝わるよう表現、素材などを工夫のこと)

都市を感じる家──都市型住宅のケーススタディ　2年次(後期)

計画地	安藤忠雄氏設計「日本橋の家」の敷地(大阪府大阪市中央区日本橋、敷地面積55㎡)
用途地域	商業地域(建ぺい率80％、容積率800％)
設計条件	【居住者】
	3人家族とその妻の母(40代の共働き両親と子供1人、長女13歳、妻の母は60代)
	【必要施設】
	住戸100〜120㎡程度
	妻の母の趣味の場所
	【構造】
	RC造またはS造
提出物	設計趣旨(「空間を感じる」をどう定義するか、各自の案を解説のこと)
	各種図面(1/50)
	模型(1/50、インテリアも含む)

新たな魅力が生まれるシェアハウス　2年次(後期)

計画地	兵庫県西宮市鳴尾(敷地面積390㎡)
用途地域	近隣商業地域(建ぺい率80％、容積率300％)
設計条件	【居住者】
	20代学生3世帯、学生以外(幼児と同居のシングルマザー／シングルファーザーを含む)4世帯
	【必要施設】
	個人スペース7世帯分
	共有スペース100㎡程度
	居住者支援スペース100㎡程度
	管理人夫婦(60代)が運営する食堂100㎡程度(厨房含む)
	【構造】
	RC造またはS造
提出物	設計趣旨、コンセプト、面積表など
	各種図面(1/100)
	特徴的な部分の内観パース
	模型(1/50、インテリアも含む)

▌総評

ゲストクリティーク **板坂 留五**
RUI Architects

わたしはこの頃、卒業して設計をして生活するようになり、悩みながらも手を動かすことをやめないことが、設計することの重要なことだと感じています。そして、それは才能ではなく、訓練すればできるようになるひとつの技術です。

建築は、図面や模型はもちろん言葉やパース（図法も様々）などたくさんの表現方法を扱う分野です。自分が描いたり作ったりした図面や模型を客観的に眺めていると、良いところや悪いところが見えてくるようになります。そうすると自然と次の手を進めることができます。今回、そういった自分のつくったものから何かを見出し進もうとしている作品にいくつも出会えたことを嬉しく思います。これからも、自分でつくり、発見し、そしてまたつくる、ということを続けていってください。応援しています。私も続けていきます。

岩田 章吾
武庫川女子大学 生活環境学部 教授

大学ごとの課題の特徴の違いがあり、我々にとっても興味深いものでしたが、学生の皆さんもその差異からいろいろなことを感じることができたのではないでしょうか。どの作品もユニークな視点で作られており、感心しました。また、いくつかの作品は、独特の感性を感じさせるものがあり、それを大切にしながら、スキルをアップしていってもらいたいと思いました。全体の印象としては、それぞれの作品は、中心となる着眼点やアイデアは魅力的なのですが、一つの作品としてみるとデザインが、そのポテンシャルを生かし切っていないという事例がかなりあったように思います。建築は、デザインのユニークさとともに、それを相手に共感させることが大変重要なアートです。今後様々な課題に取り組むうえで、そういった点に気を付けてほしいと思いました。

志柿 敦啓
志柿敦啓建築設計事務所 ／ 関西学院大学 建築学部 非常勤講師

この学生住宅作品展の意義のひとつは、まだ不完全ながらも学生たちによる自主的運営を促しているところにある。彼らは自ら仕事を生み出していかなくてはならない世代。社会が仕事を自動生産してくれるような状況ではない。どのような環境で自分たちの作品は批評されるべきか。その環境自体をつくっていかなければならない。それは社会や世界と実感をもって関わっていく歩みのひとつなのだと思うし、来年、再来年とレベルを上げながら引き継いでいくことが大切なのだと思う。　その一方で、ここは教える側のアップデートを促す場でもある。自分たちの大学の課題設定はこれで良かったのか、批評する側のクライテリアはこの先も有効なものであるか。常に更新し続ける必要がある。学生にとっても教える側にとっても、刺激的な場となるようにさらに成長していって欲しい。

畑 友洋
神戸芸術工科大学 芸術工学部 准教授

兵庫県下の大学が垣根を越え、各大学で行っている住宅課題を一堂に会し、議論を行うという企画である。各大学の課題はそれぞれに異なる特徴をもちながら、兵庫を中心とする、関西の地域性を枠組みとしてもつ課題や問題設定における共通性が見られたことが興味深かった。中でも極めて特徴的な安藤忠雄の日本橋の家を敷地とする課題や、急速に進む都市化の中で揺れ動く中崎町の家を課題とするなどがその好例である。これらの課題を横断的に考えることは、改めて大学の垣根を越えて、住むという根源的な建築における機能を通して、我々が学ぶ地域における問題性について互いに問いかけ思考するという大きな意味を持っていることに改めて気づかされた。このような機会が継続し、アーカイブされていくことによってさらにその意味は厚みを増していくのだろうと実感している。

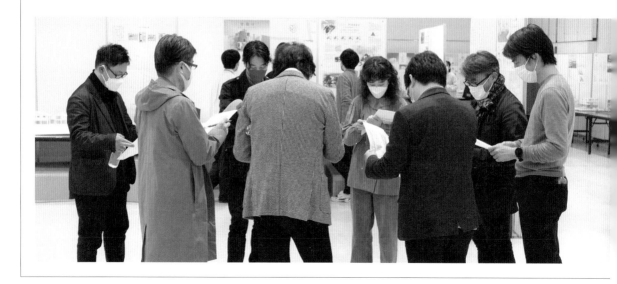

原 哲也
関西学院大学 建築学部 教授

住宅を考えるにあたっては、個と家族(ないし外部の集団)、プライベートとパブリック、オンタイムとオフタイム、居住空間と都市空間、人工環境と自然、といった多様な対立項をどのようにバランスさせ、或いは融合させていくかが課題として問われます。今回の入賞作品の多くは住宅に何か具体的なテーマを与え、それを手掛かりに課題の解決に取り組めていたように感じました。例えばそれはオーナーの思想や嗜好であったり、地域とのつながり方であったり、光や風といった自然との交感であったり、そこから生まれる特徴的なプログラムであったりするわけですが、そこでのテーマを敷地条件や自然環境を含めた場所のコンテクストの読み解きとうまく掛け合わせて解決に導けた案は、一見でその案の持つ魅力と発信するメッセージが明確に伝わっていたと思います。

増岡 亮
大手前大学 建築&芸術学部 准教授

今回の合同講評会では、昨年度以上に、多くの優れた作品が出展されていることに感心した。「住宅」という共通テーマはあるものの、各大学での設計教育や指導方法などの違いにより様々な課題設定がされているため、各大学の特徴が作品に反映されていることも興味深かった。「住宅」は、学生にとって取り組みやすい課題であり、特に「住宅」内部の空間構成を主題とすることが多いが、今回の出展作品では外部空間や都市との関係など「住宅」の周辺環境を考慮した計画が多かったことにも着目したい。

大学の域を越えて、他大学の教員や建築家からの新しい視座や批評、学生間の意見交換などを通して、自らの作品を振り返り、参加学生にとって今後の設計活動への活力を育む有意義な時間であったと思われる。彼らの今後の成長を期待している。

八木 康夫
関西学院大学 建築学部 教授

大学ごとにそれぞれ内容の違う「住宅」課題に取り組んだ58作品が一堂に集まった会場の風景は実に圧巻でした。一つ一つに設計者の想いが込められたプレゼンテーションを聞かせて頂き、そのコンセプト&デザインが明確に伝わってくる作品から、少し理解しにくい作品まで、いつものことながら実に多様だと感じました。ロケーションとしての場所の正当性とその住宅機能としての空間構成が成立するのか?(建築計画上の問題)、また、その空間を物理的にどのように構成させるのか?(構造上の問題)、次に建築内の設備をどのように計画するのか?(設備上の問題)等々の課題が散見され教員としては気がかりです……とは言え、私は皆さんの熱意に圧倒されましたし、何より出展された皆さんの大学間を超えた新たな学びや気付きが何よりも重要と思っています。

最後に一言、各大学の実行委員の皆さんありがとう!!

米田 明
関西学院大学 建築学部 教授

まだ建築設計を始めて間もない2、3年生諸君の住宅作品を見るのは、たいへんおもしろい。というのも住宅設計のあなどれない難しさにもかかわらず、若くてむしろ馴化されていない構想力が、未だかつて目にしたことのない驚きのアスペクトを生み出しているからだ。そもそも住宅設計とは、個体性と共同性の並立を最小限ユニットにおいてもくろむ中、建築空間を媒体として機能を実装する目的論的微分化と自由を担保する非決定論的積分化という、相反するかなり高度な非線形的試行が要求されるものなのである。そのあたかも社会空間設計のミニチュア版とも言える課題に対して、各自がそれまで培ってきた社会経験を駆って、果敢に挑戦しているのが見てとれる。58作品の多様性の中にそれぞれ初源的かつ本質的な創造性が表出している、すばらしい機会であった。

受賞作品

A w a r d - w i n n i n g   w o r k

最優秀賞	岡田 真奈（武庫川女子大学）	円でつながる家
優秀賞	塩田 紫乃（関西学院大学）	木に集う
優秀賞	野口 覇（関西学院大学）	Walls ／ただいま
優秀賞	前野 ふらの（武庫川女子大学）	回遊シェアハウスとまちの広場になる食堂
奨励賞	岩下 菜摘（武庫川女子大学）	JIGUZAGU HOUSE
奨励賞	高木 晴代（武庫川女子大学）	光の降る家
板坂賞	北野 貴章（関西学院大学）	木をつつむ家
志柿賞	前野 ふらの（武庫川女子大学）	鉄板でつながれた家
大手前大学賞	寺田 春芽（関西学院大学）	まもり、つなぐ、犬との生活
関西学院大学賞	島袋 真衣（武庫川女子大学）	変化のある家
神戸芸術工科大学賞	中川 貴世（武庫川女子大学）	Land Mark
神戸大学賞	鬼塚 己生（関西学院大学）	庭になる家——北野ハンター坂
武庫川女子大学賞	橘 柚希（神戸芸術工科大学）	つながる空間

最優秀賞 ｜ 岡田 真奈 ｜*Okada Mana*　武庫川女子大学 生活環境学部 生活環境学科 2年

円でつながる家

—— 課題名・新たな魅力が生まれるシェアハウス

提案主旨

1階は子供食堂、2階は女性4人のシェアハウスとなっており、優しいイメージになるよう曲線を多く取り入れたデザインにした。どの空間にも他の空間とのつながりがあり、別の場所に居ながらも互いに様子を伝え合うことができる。駅や周辺を通る人に興味を持ってもらいやすいように、食堂や庭で過ごす人たちの様子が見える配置になっている。また、建物内へも入りやすいよう、外と内との区切りは緩やかに作った。内の賑わいを周辺へ伝え、人が集まりやすい新たな交流が生まれる場所になるように考えた。

計画地

場　所 /西宮市 阪神電鉄 鳴尾・武庫川女子大前 駅前
敷地面積 / 295.2 ㎡
階　数 /地上2階
　　　　[1階] 食堂
　　　　[2階] シェアハウス (女性4人)
構　造 /鉄骨造

2F	143.6 ㎡
1F	156.0 ㎡
合計延床面積	299.6 ㎡
容積率	101.5%
建築面積	143.6 ㎡
建蔽率	48.6%

鳴尾・武庫川女子大前駅

設計手法

円の吹き抜け・中庭

1階と2階は円形の吹き抜けや中庭を通して繋がる
・様子が見えたり、声が聞こえたりすることで別の場所にいながらも気配を伝え合う
・吹き抜けと天窓は同じ位置に空いており、自然の光を1階まで届ける
・大きな円形の中庭を囲みながら学習や食事ができ、
　2階のテラスと1階の学習スペースは樹木を
　挟んで互いに少し様子が見える

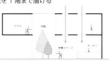

中間領域

出入り口付近はピロティやデッキなどの中間領域がある
・外と内とを緩やかに繋ぎ、興味を持った人が中へ入りやすい
　また、建物内と庭が一体感のある空間になる
・外にも様々な場所にイス・テーブルがあり、人が集まることができる空間になっている
・人の集まる場所を道から見える場所に配置し、賑わいを外へ伝える

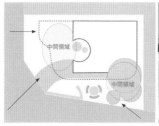

中間領域

中間領域

内部空間

・1階食堂は大きなガラス窓から庭が見え、天窓からの光が入り開放感が感じられる空間
・2階に上がる階段は食堂を通り、別の階で過ごすシェアハウスの人々と食堂に
　訪れた人々との交流が生まれやすいような配置にした

1階食堂
中庭を囲んで座り、外を見ながら学習や
食事、会話などを楽しむことができる

図面

〈一階平面図〉

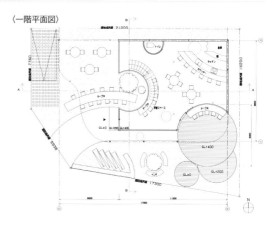

〈二階平面図〉

〈断面図〉

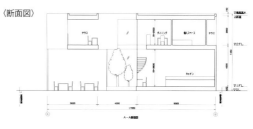

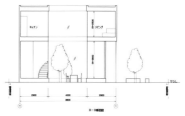

優秀賞 | 塩田 紫乃 | *Shiota Shino*　　関西学院大学 総合政策学部 都市政策学科 3年

木に集う

課題名・FAMILY ACTIVITY SOCIAL

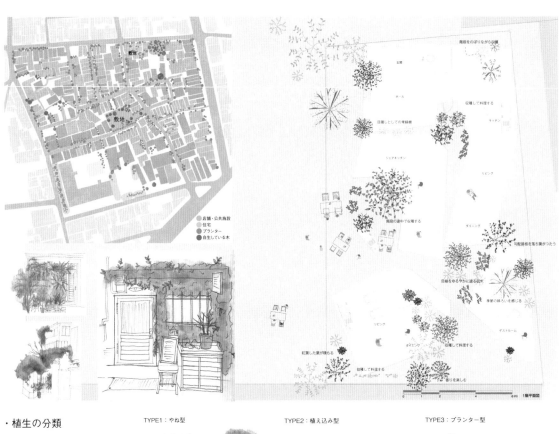

・植生の分類

敷地調査により植物を育てている家が多くあると感じ、植生の特徴を捉えるために中崎町済美地区の植生に着目した調査を行った。
植栽を記録しているうちに、形態により周囲の環境に与える影響が異なることに気が付く。
そこで植栽を7つに分類し、効果を考える。

TYPE1：やね型

見上げると視線が遮られる光や風を通す

TYPE2：植え込み型

人の気配が感じられる

TYPE3：プランター型

ゆるやかな境界

TYPE4：壁面型

自在に形を変えることができる

TYPE5：すきま型

ゆるやかな境界
方向性がつくられる

TYPE6：自生型（地面のすきま）

手が加えられず素材に絡まりながら成長
時間の経過が分かる

TYPE7：自生型（背丈より大きい）

新たな人の集まる影をつくる
生活や住空間に浸食する

提案主旨　植物のつくる境界は光や風、季節や時間によって変化する。木のプロットから空間をつくり、その木々を囲む暮らしをデザインすることにより、内外や居室同士が互いに干渉しあう曖昧な場をつくる。季節による葉の密度の変化や、実のなる季節、成長高さなどを考慮し樹種を選定することで生活と木の密接なかかわりを創出する。人々が公園に集い、家では育てることのできない実のなる木を共同して育て、シェアキッチンで調理する。地域の希薄になった繋がりをこの住宅を起点に結び直す。

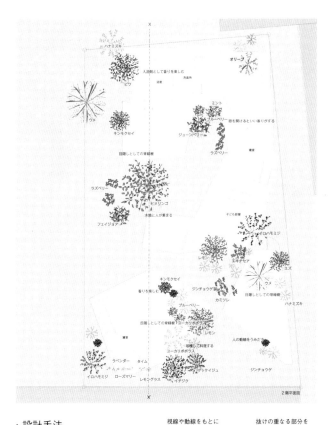

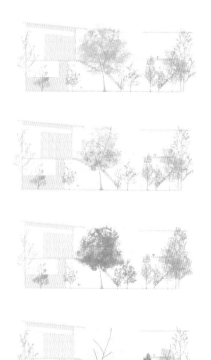

・設計手法

植生の分類に基づき、樹形・樹高による樹種と配置場所を検討。
配置した樹木が生活空間と公共空間・暮らしのゾーニングのゆるやかな境を生み出し、壁や柱・窓等の建築的操作とは異なる空間の繋がりを植物により創出する。

視線や動線をもとに
抜けを考える

抜けの重なる部分を
人の集まる場とする

動線をもとに
木をプロットする

木の配置をもとに
ゾーニングする

木を囲む暮らしを
デザインする

・樹種の選定

収穫物…どの時期にも収穫物が得られ、生活の動線内で収穫できるように選定

借景……ゲストルームやリビング等寛ぎの空間から見える場所には、四季の移ろいが感じられる植物を配置

樹形……木の形、葉の密度、樹木の高さを考慮し、暮らしに馴染むように配置

葉………プライベート空間は植物が目隠しになるように常緑樹を配置

日光……建物の陰になる場所、日当たりの良い場所、陰性・陽性植物を区別し配置

| 3-4 | 5-6 | 7-8 | 9-10 | 11-12 | 1-2 |

○青葉期　　●開花期　　●結実期　　●紅葉期　　●落葉期

審査講評　中崎町という歴史的な街並みの中で住宅を設計する課題である。一見すると建築と植物が無秩序に重なり合うという抽象的なイメージとしての提案にとどまっているように見える。しかし、作者の中崎町を見る目は、具体的に中崎町において外壁に植生がはびこり、屋根を伝い、庭先の緑と住まいがまさに重なり合うという現象を具体的にとらえており、この場所であれば建築と植物は文字通り重なり合うことにリアリティを感じていることが読み取れる点が興味深い。目に見える屋根のかたちや壁の素材といった近視的な目ではなく、地域の遺伝子を読み取り、ひびきあう建築の新たな形式を描こうとする姿が魅力的だ。

（畑 友洋）

優秀賞 | 野口 覇 | *Noguchi Haru* 関西学院大学 総合政策学部 都市政策学科 3年

Walls ／ただいま

課題名・FAMILY ACTIVITY SOCIAL

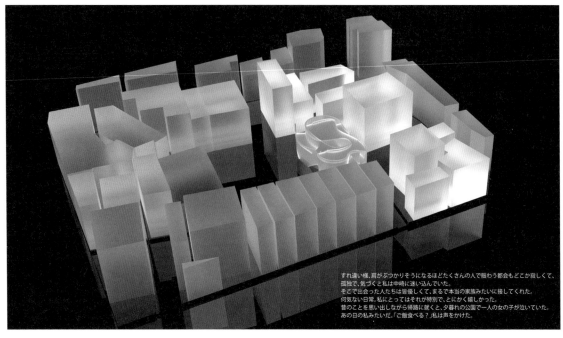

すれ違い様、肩がぶつかりそうになるほどたくさんの人で賑わう都会もどこか寂しくて、
孤独で、気づくと私は中崎に迷い込んでいた。
そこで出会った人たちは皆優しくて、まるで本当の家族みたいに接してくれた。
何気ない日常。私にとってはそれが特別で、とにかく嬉しかった。
昔のことを思い出しながら帰路に就くと、夕暮れの公園で一人の女の子が泣いていた。
あの日の私みたいだ。「ご飯食べる？」私は声をかけた。

Phase 1　かえりたいと願う主人公の少女は中崎へと迷い込む

家出少女
An iede girl
(5)

中崎の女性
An woman at Nakazaki
(40)

女性の夫
The woman' husband
(50)

Phase 2 (20 years later)　中崎で過ごし大人に

元家出少女
The woman
(25)

中崎の女性
The woman at Nakazaki
(60)

Note:
中崎の女性の夫は死去
大人になった元家出少女が結婚
The woman at Nakazaki had gone.
The iede girl has grown up and
got married.

Phase 3 (15 years later)　家出少女を昔の自分と重ねて家族として迎え入れる

元家出少女
The woman
(40)

女性の夫
The women's husband
(50)

新家出少女
An new iede girl
(5)

Reserch
　中崎を舞台とした2つの作品（『グランド・シャトー』『ジ・アウトサイダー』）に共通するのは、外部から中崎へとやってきた主人公が、そこで生活を営むことになるという展開。中崎という街には外部からの人（要素）を受け入れる内部性があるのではないか。

Essay
　中崎にはたくさんの古着屋がある。古着とは時間や動作主体が移っても使い続けられるものである。
　中崎のまちも同様だ。中崎は戦災を逃れた古い家屋と街路が今も残り、梅田から徒歩10分という距離にありながらもノスタルジックな空気感が味わえる。しかし、今もコンテンツは更新され続けている、何とも奇妙な"生きたまち"なのである。古着やカフェだけでなく、中崎というまちの構造そのものが、ハードの持続性とソフトの更新性を兼ね備えている。
　今回、住宅を計画するにあたって、中崎の持つ構造をプロジェクトのバックボーンとした。そして、自作の住宅ストーリーをもとに家族、あるいは家族のようにふるまうコミュニティの最小単位についてのみならず、その場合の建築と空間のあり方についても考察する。
　時代と使い手の変化を受け入れるハコとしての住宅建築。nLDKのように機能と形態の間に一義的な強い結びつきを求めるのではなく、両者の間にズレが生じるように意図的に計画することで、使い手の自由な発想と住まい方の多様性を誘発することを本計画では試みた。

Data
敷地面積　約205平米
建築面積　約110平米（建蔽率　約54%）
延床面積　約239平米（容積率　約116%）

階数　地上2階、地下1階
構造　RC造

Qualities of 8 Rooms

Zoning Study for Large Rooms

Traffic Line through the SAIBI Park

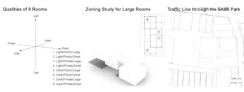

Roof and Floor Slab modeling

Walls on the Site

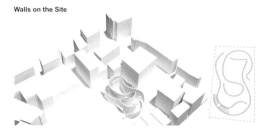

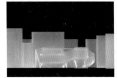

中崎に住まう家族のための家について考える時、まず家族の在り方について考えた。さらにそれが背景に呼応した特殊解であることが条件。古い建物と更新される営みこそが中崎を中崎たらしめている。それを建築に翻訳する時、変わらないハード（家）と変わり続けるソフト（家族構成、場の意味、空間の名づけ）という図式が成立する。設計プロセスは、6つの要素（明/暗、公/私、大/小）を組み合わせた8つの空間の質を周辺のコンテクストから敷地に配置した。つまり、機能は後から付与される。そしてそれは、時間と共に移り変わるだろう。

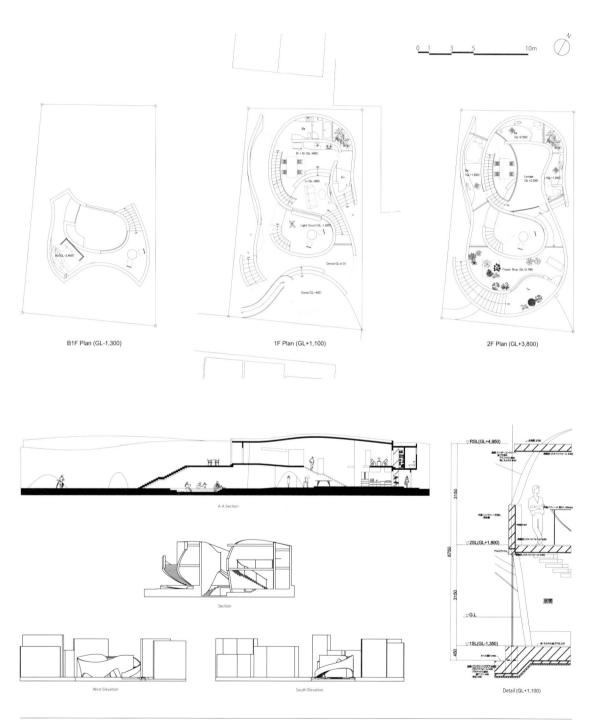

B1F Plan (GL-1,300)

1F Plan (GL+1,100)

2F Plan (GL+3,800)

A-A Section

Section

West Elevation

South Elevation

Detail (GL+1,100)

野口さんの作品は、非常にむつかしい形態を破綻なくまとめ切った手腕を評価したいと思います。とかく感覚的な処理になりがちなアンフォルメルな形態を、方法論をもって臨み、出来上がった形も洗練されている。野口さんの造形センスの良さが伺えます。今後に向けての課題としては、一見、流動的かつ多様な連続空間が水回りなどを部屋化することで分断されている点、空間の多様性に比して階段のピッチなどに変化がない点など、一般的な住まいとしての機能構成の解体が図れていないため、空間のみがあり機能は後から付与されるとしてテーマが弱められている点でしょうか。形態の豊かさだけでなく、住まいとしてあり方についてもさらに考察を深めてほしいと思いました。

（岩田 章吾）

優秀賞 | 前野 ふらの | *Maeno Furano*　　武庫川女子大学 生活環境学部 生活環境学科 2年

回遊シェアハウスとまちの広場になる食堂

—— 課題名・新たな魅力が生まれるシェアハウス

シェアハウスを考えるときに決めたポイント

① 孤独を感じない　→　2階を全て共用スペースにし、リビングやキッチン、お風呂、テラスなど一般家庭と同じような空間を作る。
家族と住んでいるような感覚になるようにする。

② 一人でいたいとき　→　個室内にミニキッチンを作り、部屋内で問題なく一日過ごせるようにする。

食堂を考えるときに決めたポイント4つ

① 子供用の勉強スペースの確保　→　食堂を運営する夫婦と顔を合わせやすいように置かれた、キッチン向きのカウンター席。
勉強する子供たちがたくさんいるときは4人席用のテーブルをくっつけて大きい机にする。

② 塾帰りや学校帰りの子供が電車の時間まで友達と座って話すことができる場所づくり　→　道に沿ってつくった中庭にベンチを置く。
日焼けや雨除けのために屋根もつける。

③ 食堂とまちとのつながり　→　大きくとった中庭に面する食堂の窓は全開にすることができ、外側（まち）と内側（食堂）の境界をなくす。
食堂と庭、まちを自由に行き来できる。

④ 駅の改札付近からの見え方、見た目のデザイン性　→　目立つように形を複雑にする。食堂の中が見えるように窓と庭をつくり、
安心して入れるようにする。通勤、通学で疲れている人の癒しになるように緑をつくる。

まちに対するアプローチ方法

面積表

3 階	197.45 ㎡
2 階	125.2 ㎡
1 階	150.8 ㎡
合計 延床面積	473.45 ㎡
容積率	160%
建築面積	236.3 ㎡
建蔽率	80.0%

提案主旨 自然と癒やしの場所をつくるため、1階に緑の広場を作り、どの階からも雨や光がふりそそぐシーンを見られるよう、広場の上に吹き抜けをつくりました。より多く住民同士の交流があるように、2階すべてをシェアハウスの共用空間にしました。3階は住民女性4人の個室にし、開放感をもてるよう全てに庭をつくりました。回遊する3階の廊下が、部屋に直行するためだけの通路にならないよう、廊下の幅に変化をつけ、様々な意味を持つ場所へと活用できるようになっています。また、斜めの壁で角度を調整し、プライベートも確保しました。

ダイアグラム

馴染みながらも目立つ建築に。
周辺の家の細かい単位に合わせて、区切りながらまちの中に溶け込む。
かつ、欠きとるラインをインパクトが消えないように形を複雑にして周囲と差別化する。

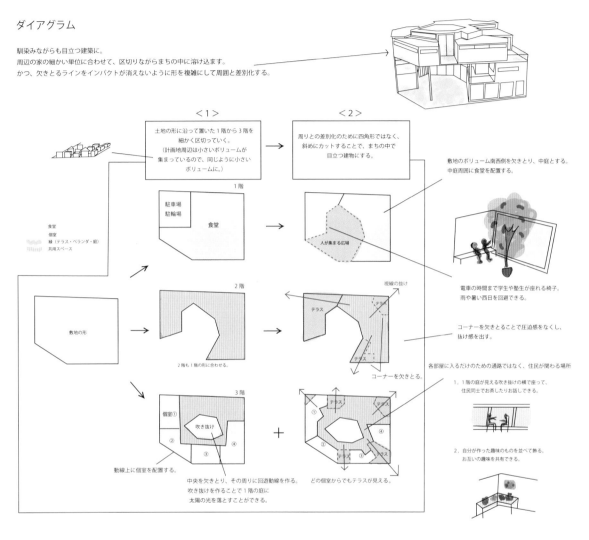

<＼1＞ 土地の形に沿って置いた1階から3階を細かく区切っていく。
（計画地周辺は小さいボリュームが集まっているので、同じように小さいボリュームに。）

<＼2＞ 周りとの差別化のために四角形ではなく、斜めにカットすることで、まちの中で目立つ建物にする。

敷地のボリューム南西側を欠きとり、中庭とする。中庭周囲に食堂を配置する。

電車の時間まで学生や塾生が座れる椅子。雨や暑い西日を回避できる。

コーナーを欠きとることで圧迫感をなくし、抜け感を出す。

各部屋に入るだけのための通路ではなく、住民が関わる場所

1、1階の庭が見える吹き抜けの横で座って、住民同士でお茶したりお話できる。

2、自分が作った趣味のものを並べて飾る。お互いの趣味を共有できる。

食堂
個室
緑（テラス・ベランダ・庭）
共用スペース

1階 駐車場 駐輪場 食堂 → 人が集まる広場

2階 敷地の形 → 2階も1階の形に合わせる。 → テラス テラス 視線の抜け コーナーを欠きとる。

3階 個室① 吹き抜け ② ③ ④ 動線上に個室を配置する。中央を欠きとり、その周りに回遊動線を作る。吹き抜けを作ることで1階の庭に太陽の光を落とすことができる。 + ① テラス ④ テラス テラス ③ どの個室からでもテラスが見える。

3階共用スペース空の内観パース

↓ 南東方面高架下からの外観

↓ 北東方面マンションから見た外観

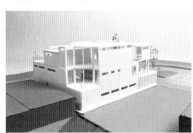

審査講評 建物中央に3層吹き抜けの広場を配し、各階コーナー部にはテラスを設け街に向かって開くことで全体として開放感の高い空間構成を実現している。また不定形なプランに配された居室や共用部とテラスとの関係が一様ではなく、それぞれユニークな体験を提供することが意図されているようで面白い。外観上はボリュームをうまく分節することで街区のスケール感にもうまくフィットさせている。駅前の角地という立地をうまく読み解き、プログラムに応じて空間に様々な操作を加えつつも全体としてまとまりを持たせた非常に完成度の高い作品である。

（原 哲也）

奨励賞 | 岩下 菜摘 | *Iwashita Natsumi* 武庫川女子大学 生活環境学部 生活環境学科 2年

JIGUZAGU HOUSE

課題名·**都市を感じる家**——都市型住宅のケーススタディ

◎ダイアグラム

動きのないただの長方形

外部空間が内部空間に

動きが生まれた長方形

長方形の平面上に、三角形の
切り込みを入れることで、流動性
が生まれ空間を感じられると共に、
切り込みから光や風を住宅の中に
取り込めるようになった。

建物と隣接し窮屈に
感じる都市型住宅に、
流れを生むことで
開放感を与える。

壁を作らずに空間を区切ることで、
開放的な空間を生み出し住宅内に
流動性を作り出すことが出来た。

提案主旨

今回、日本橋の家と同じ土地の狭小住宅を設計しました。都市型住宅において建物が隣接しているため、周辺環境や採光などの自然を身近に感じにくかったり、窮屈に感じるという課題が挙げられると考えました。そこで住宅課題が「空間を感じる」ということで、コンセプトとして建物が隣接している住宅でも、周辺環境や自然を内部空間でも感じられるように、「流動性」と「上下の繋がり」を軸に住宅の構成を考えました。

◎空間構成

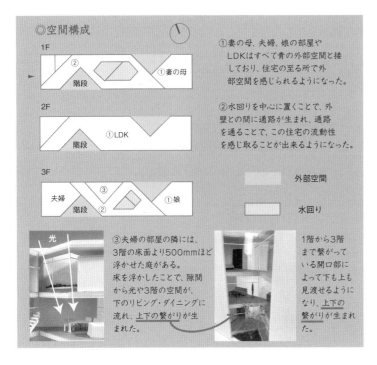

1F ② 階段 ①妻の母

2F 階段 ①LDK

3F 夫婦 階段 ③ ② ①娘

① 妻の母、夫婦、娘の部屋やLDKはすべて青の外部空間と接しており、住宅の至る所で外部空間を感じられるようになった。

② 水回りを中心に置くことで、外壁との間に通路が生まれ、通路を通ることで、この住宅の流動性を感じ取ることが出来るようになった。

外部空間

水回り

③ 夫婦の部屋の隣には、3階の床面より500mmほど浮かせた庭がある。床を浮かしたことで、隙間から光や3階の空間が、下のリビング・ダイニングに流れ、上下の繋がりが生まれた。

1階から3階まで繋がっている開口部によって下も上も見渡せるようになり、上下の繋がりが生まれた。

3階平面図

2階平面図

1階平面図

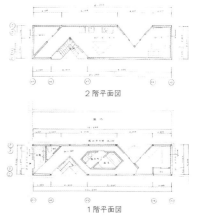

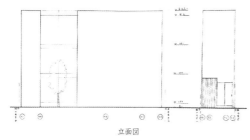

立面図

断面図

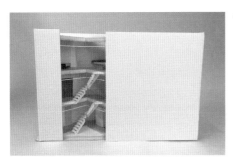

南西から見た図

北東から見た図

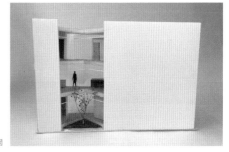

審査講評

間口3.6M、奥行き16Mで、三方を隣接する建物で囲われた、極めて条件が厳しい敷地に対し、人が住まう空間として、いかに快適なものとなるよう応答するか、それがこの課題が主眼とする所である。岩下さんの応答は明快である。2つの三角柱をジグザグに配備する。この三角柱が建築を貫くヴォイドとなり、光や風を呼び込む。三角柱に沿う形で動線が配され、流れとともに内部の諸室の構成を規定する。明晰なコンセプトにより創出された変化にとむ空間が、限定的な領域性を十全に生かして展開された秀作である。

（末包 伸吾）

奨励賞 ｜ 高木 晴代 ｜ *Takagi Haruyo* 　武庫川女子大学 生活環境学部 生活環境学科 2年

光の降る家

―――― 課題名 · 都市を感じる家――都市型住宅のケーススタディ

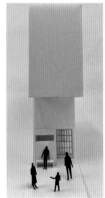

diagram

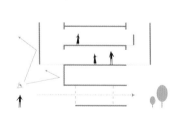

光空間（パブリック）　　　　　光空間（プライベート）

1.ふたつの光空間　　　　　　2.どこにいても繋がる　　　　　　3.視線の操作

家族：40代共働き夫婦
　　　 子ども（中学1年生女子）
　　　 60代妻の母

敷地面積：55㎡

延べ床面積：1階 22.56㎡
　　　　　　2階 22.56㎡
　　　　　　3階 35.68㎡
　　　　　　4階 27.04㎡
　　　　　　合計 107.84㎡

🌿 まちへの光空間 🌿

3階のベランダの床をエキスパンドメタルにし、住宅とまちとの間に木漏れ日のような光で癒しを感じる空間を設けた。日中は太陽の光が地面や建物に格子状の光を映し、夜は家の中の光が外にぼんやりと漏れる。また、地域の人と気軽に交流できるコミュニケーションスペースでもある。

🌿 家族への光空間 🌿

祖母が趣味のガーデニングを楽しむことのできるプライベートな庭を西側に配置した。道路側と同様に3階のベランダの床にエキスパンドメタルを使用しているため、庭にも格子状の光が降りそそぐ。また、どこの階にいても家族の姿を互いに感じる。

提案主旨

周辺の敷地は、大阪日本橋の建物が密集した地域である。この土地も三方向に建物が建っており閉ざされた空間に感じた。このような土地でも"人々に癒しを与える空間"を作るべく、エキスパンドメタルから落ちる光を木漏れ日のように見立てた光空間を東西に設けた。まちへの光空間は道路に面しているため、地域の人と交流できる広場のような役割も果たす。家族への光空間は光を建物の奥へ落とし、家族が過ごしやすい庭にした。また、ベランダの壁を四階上部まで伸ばすことで人通りのある道路からプライバシーを守れるようにした。

3階バルコニーから庭を見下ろした様子

エキスパンドメタルを通して階数関係なしにコミュニケーションが取れる。

道路側から格子窓を見た様子

格子窓を通じて奥の庭がちらりと見える。また、ふたつの光空間を繋ぐ役割も果たしている。

東西両方に大きく開いた窓

二方向に大きな窓を設けることでバルコニーとも繋がる開放的な空間にしている。光も二方向から入る。

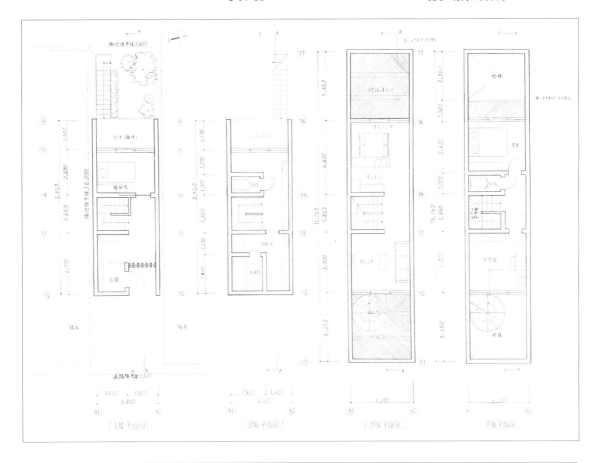

審査講評

高木さんの作品は実に明快で圧巻な空間構成である。大阪日本橋の密集した場所(敷地間口3.6M、奥行16M、敷地3辺が隣家)に、地域との接点としての広場「ハレ」と内部空間としての「ケ」を構築し、その物理的接続を壁で上手く仕切っている。この空間構成は非常に単純ながらも見事で、例えば道路側の3階バルコニーのある外部螺旋階段は想像するだけでワクワクする装置になっている。東西にあるバルコニーの床材には多孔質な材料を用いて、木漏れ日のような光を間配るなど、2年生の作品であることを忘れてしまう。ここに住まう家族に対する愛情が詰まった住宅である。

(八木 康夫)

板坂賞 ｜ 北野 貴章 ｜ *Kitano Takaaki*　関西学院大学 建築学部 建築学科 2年

木をつつむ家

課題名 · Place with a Habit: Architect's house and atelier

提案主旨

人に行動を制限させない家をつくろうと思った。それは、人が自由に自分の居場所を見つけ、そこで何をするのかを自身、または家族で考えることに豊かさがあると考えたからだ。そこで、形を決めた後に偶発的に部屋があると仮定し、機能に関しては後からついてくるものとした。「形」をどう決めるか、が大事になる。自分が作りたい空間、建築をつくることは、他人に押し付ける行為となるため、自分でもどうなるのか分からない「形」を求めた。そこで用いた考えが「決定ルール」を用いて自動運転、そしてオーバードライブさせる方法だった。

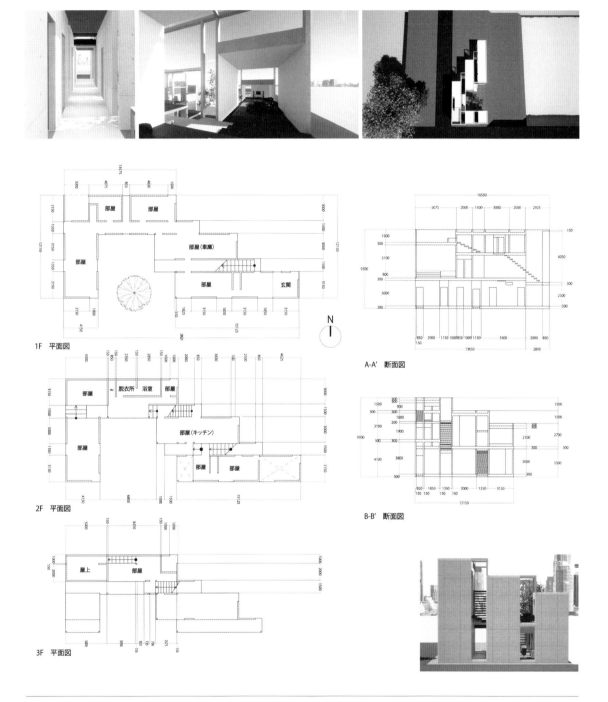

1F 平面図

2F 平面図

3F 平面図

A-A' 断面図

B-B' 断面図

審査講評

住宅課題において、どのような設計をするかと同じくらい「自分で問いを立てること」が重要だと思います。その問いの立て方は人それぞれだと思いますが、北野さんの「形を決めた後に偶発に部屋があると仮定」して設計を行う姿勢は、住宅の設計に留まらない思考だと感じました。水平方向の壁をずらしながら並べていく手法自体はとても単純ですが、そこに手を加えることで、いくつかの示唆的な空間が生まれています。その空間の形に対して、北野さんがどんな新しい空間の形式を発見するのか、そしてそれを踏まえて空間をつくっていくのかに期待が膨らみます。

(板坂 留五)

志柿賞 | 前野 ふらの |*Maeno Furano*　武庫川女子大学 生活環境学部 生活環境学科 2年

鉄板でつながれた家

—— 課題名・**都市を感じる家**──都市型住宅のケーススタディ

ダイアグラム

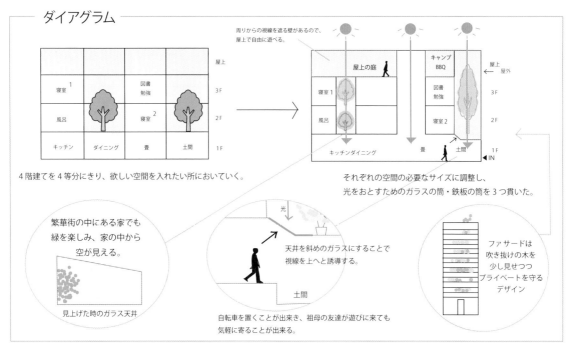

				屋上
寝室1	🌳	図書勉強	🌳	3F
風呂		寝室2		2F
キッチン	ダイニング	畳	土間	1F

4階建てを4等分にきり、欲しい空間を入れたい所においていく。

周りからの視線を遮る壁があるので、屋上で自由で遊べる。

	屋上の庭	キャンプ BBQ	屋上 屋外 ←
寝室1		図書勉強	3F
風呂		寝室2	2F
キッチンダイニング		畳　土間	1F ▲IN

それぞれの空間の必要なサイズに調整し、
光をおとすためのガラスの筒・鉄板の筒を3つ貫いた。

繁華街の中にある家でも
緑を楽しみ、家の中から
空が見える。

見上げた時のガラス天井

光
天井を斜めのガラスにすることで
視線を上へと誘導する。
土間

自転車を置くことが出来き、祖母の友達が遊びに来ても
気軽に寄ることが出来る。

ファサードは
吹き抜けの木を
少し見せつつ
プライベートを守る
デザイン

提案主旨 間口が狭く、奥行きのある面積の狭い計画地を広く使うためには、壁の厚さを薄くするのが1番だと考え、妹島和世さんの「梅林の家」を参考に、壁を16mmの鉄板にしました。太陽の光が1階までおちるよう、吹き抜けを4つ作り、緑を置きました。1階から4階まで、使われない空間ができないように、ひとつひとつの場所の意味を作り、目的に合わせて住む人が階を移動しながら生活するように設計しました。また、トイレや風呂以外に扉をつけず、壁の幅に変化をつけ、視覚的に空間を区切り、より広く空間を使えるようにしました。

<u>鉄板で家をつくる</u>

：間口が狭く細長い土地で、室内を一番広くとるためには壁を薄くすることだと考えた。
また、「空間のつながりを作る」という今回の課題に、物理的、心理的にもつなげることが
出来る　鉄板　が一番合っていると考えた。

1，　鉄板で構成することで、壁を16mmという薄さにできる。　→→→　薄い鉄板に切り抜かれた室内窓が絵画のように向こうの様子を
　　　　　　　　　　　　　　　　　　　　　　　　　　　　　　　　切り取る。

2，　磁石で壁にいろんなものをくっつけることができる。　→→→　壁に穴をあけずに絵や小物を飾ったり、
　　　　　　　　　　　　　　　　　　　　　　　　　　　　　磁石でつくるインテリアを自由に取り外しできる。

3，　鉄板の筒状の壁が2階の鉄の床から屋上までを貫き、つなぐ。　→→→　階同士のつながりが生まれ、光を下の階までおとすことが出来る。

4，　気配を感じあえる。　→→→　鉄板の薄さにより、お互いの気配を感じることが出来、別の場所にいても寂しくない。

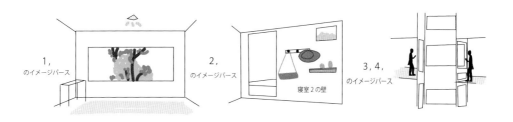

1，
のイメージパース

2，
のイメージパース
寝室2の壁

3，4，
のイメージパース

家族・近所の人と関わりを増やすための工夫

① 　バーベキューやおうちキャンプができる屋上をつくり、家に家族皆で楽しめる場所を作る。

② 　畳スペースとこたつスペースで、絶対に家族が集まる場所をつくる。

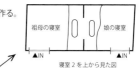

祖母の寝室　娘の寝室

▲IN　　　▲IN
寝室2を上から見た図

③ 　祖母と娘の寝室を隣合わせにし室内でつながっているようにすることで、両親には内緒の話を寝る前にしたり、
　　朝祖母に起こしてもらうことができる。夜更かしも祖母の睡眠の邪魔になりできないので健康。
　　祖母の毎日の安否確認もできる。

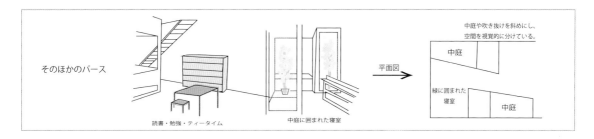

そのほかのパース

読書・勉強・ティータイム

中庭に囲まれた寝室

平面図 →

中庭や吹き抜けを斜めにし、
空間を視覚的に分けている。

中庭

緑に囲まれた
寝室

中庭

審査講評 吹き抜けの配し方は非常に効果的で、狭いながらも多様な体験が生まれることが想像できる。壁を少し斜めにすることによって空間のふくらみをつくるなど、日常のシーンのバリエーションが広がるきめの細かい工夫も随所に見られる。ただ敷地の狭さを鉄板を用いることでプラスに転化しようとする着想は良いのだが、鉄板という材料としての可能性は、模型を作るように建築が作れるという効果以上のものをまだ引き出せていないのではないか。建築のモノとしての可能性をさらに深く広く探求する努力を今後してもらえればさらに良いものにたどり着くだろう。

（志柿 敦啓）

大手前大学賞 ｜ 寺田 春芽 ｜ *Terada Harume* 　関西学院大学 総合政策学部 都市政策学科 3年

まもり、つなぐ、犬との生活

課題名・FAMILY ACTIVITY SOCIAL

見て聞いてわかった、まちの課題

課題 1	"犬の居場所が失われつつある"
課題 2	"高齢者の健康問題"
課題 3	"縮小するコミュニティ"

現在の済美公園
・犬の散歩コース
・子供たちの遊びの場
・店主の休憩場所
・中崎町をめぐる通り道

新しい住宅
・済美公園が、災害時の犬の避難場所になり得る。
・都市の中で犬の居場所ができる。
・1人では飼いきれない人が一緒に世話をできる。
・仕事等で家をあけるとき、預けることができる。

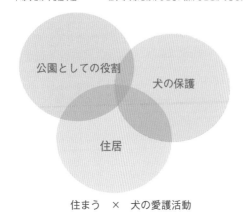

公園としての役割

犬の保護

住居

住まう × 犬の愛護活動

ドッグランと歩行者の空間を計画する

ドッグランを計画するために、もとの良さを無くしてしまうと意味がない。
まずは、歩行者が通り抜けできる道を計画する。また、ただこの場所で休憩したい人が立ち寄れるような
空間を計画する。

中崎町の路地裏空間
を残す。

調査

どの方向に、
どれぐらいの人が通っているのか？

新しく人が通る道をつくる。

さまざまな人が
行き交い、とどまる場所

犬が駆け回り、つなぐ

犬と過ごす住宅やドッグランは、どんな形をしているだろう。
中崎町のような長屋だろうか。いや、もっと犬が自由に駆け回るような、動きの流れを感じさせるデザインだろう。

ドッグランと住宅のつながりを持たせたい。
大きなスロープを公園から家へと繋げてみよう

縮の住民と近い。
お互いのプライバシーはきちんと守ろう
奥まった位置にはどんな用途があるだろうか。

住宅から公園へ開けたイメージは、
犬が元気よく出ていく様子が浮かぶ。

提案主旨

コロナや時代の変化によって、犬の居場所がなくなりつつある中崎町で、ドッグランとつながる愛護活動を伴う住宅を設計しました。敷地の済美公園を通り抜ける抜け道を計画しながら、1階のピロティから公園内へ、公園から住宅へ犬が駆け回ることによってつながる住宅を計画し、その住宅から始まる犬の居場所づくりや新しいコミュニティの形成を目指します。

スタディ

スロープをつけて、その力の流れに沿ってデザインしてみよう。

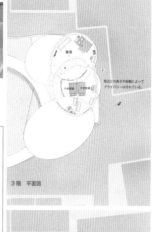

3階 平面図

住居空間

リサーチからわかった、"犬と暮らす"ということ

実際に犬を飼っている人たちからインタビューを行った。
その結果、犬たちが人間と同じ空間で暮らすには、犬にとって難しい側面があることがわかった。

人との関係

過ごしやすさ

大きな段差は、目線が近くなり、人の手によって犬の動線を変えることが出来る。

スロープは、犬が動きやすく、負担が少ない。

病気の可能性

犬にとって、段差は足腰の病気に関わる

しかし、

段差＝足腰を鍛えるため犬の落ち着く空間でもある。

段差を全くなくすことは犬にとって最善ではない。

スロープでつなぐ空間

スロープによって居住空間が狭くなる。

階段でつなぐ空間

犬にとって負担にならない程度で計画する。人間にとっても動きやすい空間へ。

勾配がある。

ただ駆け回ることができるスロープではなく、犬たちが日常の中で足腰を鍛えるためにも、スキップフロアを負担にならない程度の優しい段差とスロープでつないだ。

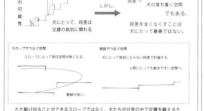

犬がつなぐ、新しいコミュニティ

犬の世話を共同で行う。

それが、地域の人たちの不安を解消し、つながりをつくり、このまちでしかつくれない新たなコミュニティを生み出す。犬にとって安心安全な場所となり、地域の人にとっては人が出会い、相談し、日常の中で頼れる場所となる。

2階 平面図

すべての部屋が中央の**吹き抜け**

を共有し、お互いの姿を認識する。

1Fと2Fで、人間と犬を分けることで、それぞれの身体にあった温度調節を行う。

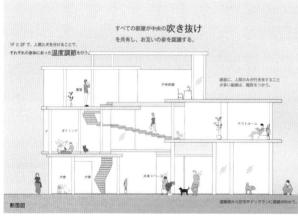

断面図

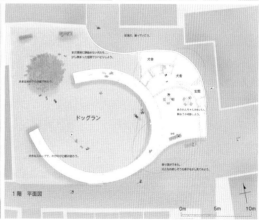

1階 平面図

0m　5m　10m

審査講評

本計画では、計画地周辺のリサーチから「犬」の居場所が失われていることに着目し、「犬」と共生する住宅の提案である。一見すると、住宅とスロープの形状が恣意的ではあるが、敷地周辺の丁寧な調査・分析から導かれた周辺環境との関係性を踏まえた形状と空間構成であり、寺田氏の計画力の高さに感心した。また、住宅と公園との関係、人間と「犬」との寸法などの細部へのこだわり、日常と災害時などの時間軸を考慮した計画であり、複雑に絡み合う要素を取りまとめ、より良い住環境を提案している力作であると言える。

（増岡 亮）

関西学院大学賞 ｜ 島袋 真衣 ｜*Shimabukuro Mai*　武庫川女子大学 生活環境学部 生活環境学科 2年

変化のある家

課題名・**都市を感じる家**──都市型住宅のケーススタディ

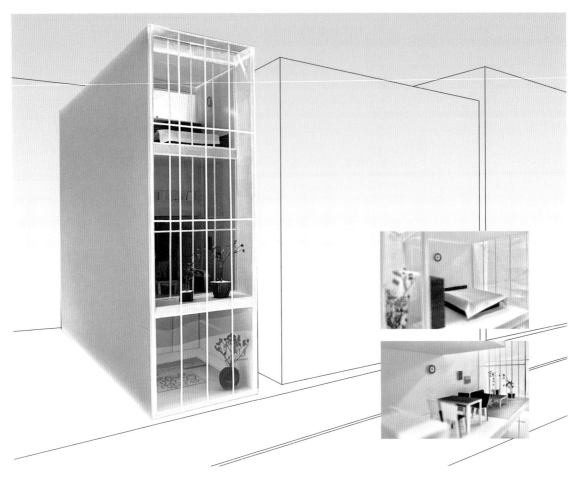

ダイアグラム

日本橋の家を参考に等間隔に割った断面と平面それぞれに高さ、大きさ、形などの変化をつける。生まれた隙間は吹き抜けに

提案主旨

課題である空間を感じるとはどういう時か考え、部屋間の移動において変化のあることだと考えた。平面的、断面的に部屋ごとで大きさや高さ、形を変えていくことを意識した。狭い空間に光を取り込むのにトップライトと吹き抜けを設けている。形を変えていく中で生まれた隙間を活用し、4階から1階、4階から2階、4階から3階の3つの変化のある吹き抜けとした。またあえて動線を長く確保し、住居内を歩かせることで狭さを感じさせない。1階には土間にした交流スペースと、染物を趣味とした祖母のための部屋を設けた。

断面図

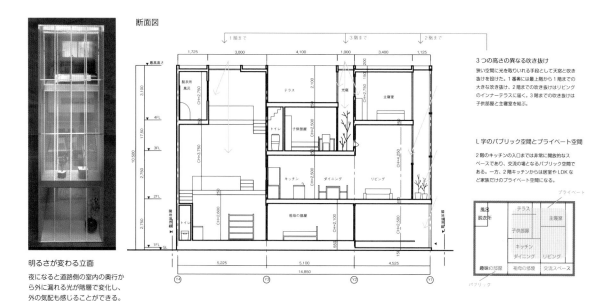

3つの高さの異なる吹き抜け

狭い空間に光を取りいれる手段として天窓と吹き抜けを設けた。1番奥には最上階から1階までの大きな吹き抜け、2階までの吹き抜けはリビングのインナーテラスに届く。3階までの吹き抜けは子供部屋と主寝室を結ぶ。

L字のパブリック空間とプライベート空間

2階のキッチンの入口までは非常に開放的なスペースであり、交流の場となるパブリック空間である。一方、2階キッチンからは居室やLDKなど家族だけのプライベート空間になる。

明るさが変わる立面

夜になると道路側の室内の奥行から外に漏れる光が階層で変化し、外の気配も感じることができる。

平面図

吹き抜けをインナーテラスにつないだ。仕切りを閉じれば空間が区切られテラスとして隣家のように眺めることができる。仕切りを無くせば、大きなリビング空間が広がり気持ちの良い空間が生まれる。

仕切りアリ — リビング / テラス

仕切りナシ — リビング

地域の交流空間。祖母の部屋から腰掛けイスを介して土間に繋がる。ゆったりと座って談笑している様子が外からもわかる。

シンプルな外部と複雑な内部

外観は4段の格子に区切られたシンプルな造形だが、内部は高さや大きさ、形の異なる空間が並ぶ

審査講評

間口が狭く、奥行きのある敷地に計画された都市型住居である。敷地の3辺は隣接する建築によって塞がれているので、採光条件的には非常に不利な条件下にあって、作者は屋根面に注意深く開口を設け、断面的な垂直空間を連携させて要所要所に光を導入することで、多様な自然性と場所性を住宅に内包させることに成功している。そこで生活する人たちは、日々自然や街の中を行き来するような体験を得るだろう。実際に外部と接続する1階に祖母のゾーンを設定したことは秀逸なアイディアで、一番奥の大きな吹き抜け空間の意味を豊かなものとしている。

(米田 明)

神戸芸術工科大学賞 ｜ 中川 貴世 ｜*Nakagawa Kiyo* 武庫川女子大学 生活環境学部 生活環境学科 2年

Land Mark

―――― 課題名・新たな魅力が生まれるシェアハウス

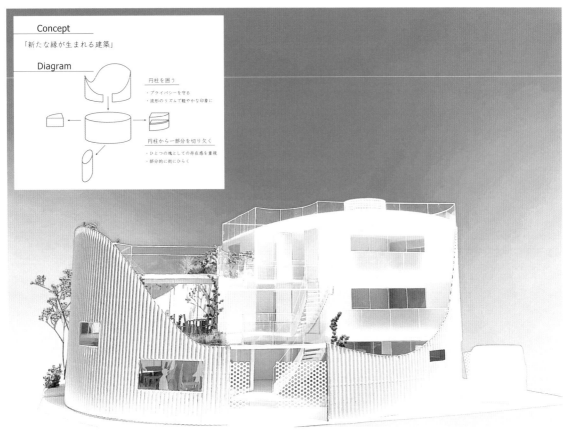

Concept

「新たな縁が生まれる建築」

Diagram

円柱を囲う
・プライバシーを守る
・波形のリズムで軽やかな印象に

円柱から一部分を切り欠く
・ひとつの塊としての存在感を重視
・部分的に街にひらく

Area

RF

3F

2F

1F

シェアハウス
食堂
グリーン

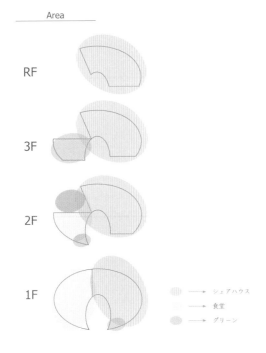

提案主旨 ▨▨▨▨▨▨

楕円形かつ非対称なシルエットは、計画地付近の鳴尾駅のカーブした形状と調和させ、目新しさがありつつも、かっちりとしすぎず親しみの湧くデザインになるよう意識している。計画地周辺には小さな子供がいる家庭が多く見られる反面、公共の広場が少ないため、こども食堂のみならず地域住民が気軽に立ち寄れるコミュニティスペースとしての役割も持たせたいと考えた。

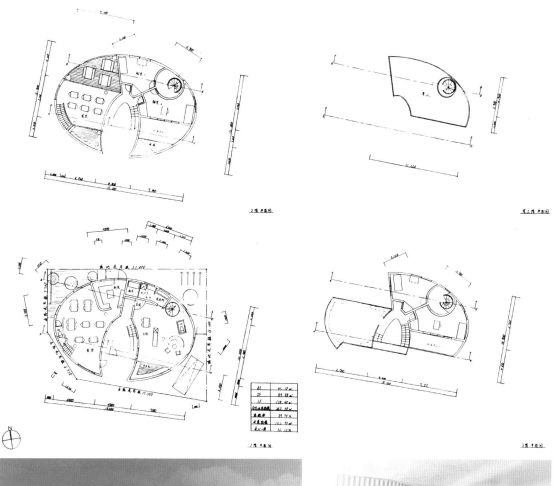

鳴尾駅のカーブした形状と調和する楕円形のシルエット

地域に根差した食堂と、
現代的な生活様式であるシェアハウスの
ふたつの空間を包み込むことで
街と人、人と人のコミュニティに新たな縁が生まれる場所

審査講評 ▨▨▨▨▨▨

楕円形で非対称なシルエットが特徴的なシェアハウスの計画である。その特徴的な形態が近接する電車との関係において計画されている点が興味深い。絶えず高速で行きかう電車というモビリティから、楕円の外皮は住まいを包み込み守りながら、時にその揺れ動く他者とダイナミックに出会う、刺激に満ちた都市的な空間も用意されている。都市に住む、しかも何かを共有しながら住むという空間の中に、圧倒的な他者というものが介在した瞬間に、一見デリケートなシェアという関係があっけらかんとした小気味よい共生の場へと読み替えられているようで魅力的だ。

（畑 友洋）

庭になる家——北野 ハンター坂

課題名・FAMILY / Regional / NEW NORMAL / SOCIAL ISSUE ハンター坂に建つ家

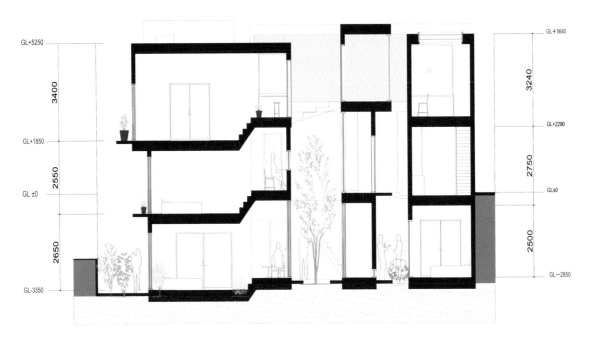

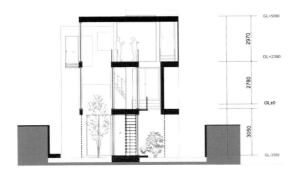

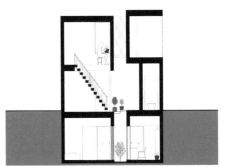

それぞれの空間のフロアレベルを変えることにより、
全ての空間において植物への見え方が異なり、
プライベートで楽しむ緑空間だけでなく、街に魅せる緑空間にもなりえる。

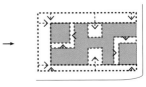

北野の街からの視線を配慮しながら空間を分割、欠如させることで、隙間が生まれる。

平面を分散させることで内部に外空間が介入し、また外空間が緩やかに
内部に入り込み、内外の境界線を曖昧にさせ建物と植物達の一体化を図る。

緑とともに人の動線や中に流れ込み、アクセスに変化が見られ、予期せぬ空間が新たに生まれる。

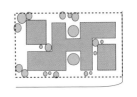

建築に隙間を内包させていくことで、その隙間を介して緑が流れ込んでいく。

提案主旨　　敷地の場所は神戸、北野のハンター坂。家族構成は3人家族であり、父親の職業はガーデンデザイナーである。自然空間を相手にする造園家の邸宅を設計する上で、外部と内部の相互空間の介入を平面分棟によって試み、内外境界線を曖昧にさせる事で、建物と自然に育つ植物達の一体化を図る。また、各フロアレベルを変えることにより、内部から見える植物の楽しみ方に変化を与える。それと同時に、北野の町という、観光地化された場所に建てることを考慮し、プライベートで楽しむ緑空間と共に、街に魅せる緑空間も同時に設計した。

造園家の邸宅
自然を相手にする造園家にとって、植物は家族のような存在である。
この建物はそんな植物達と共に、時間が流れる。
季節によって変わっていく植物たちの風景は居住者、
また、この建物を通り過ぎる街の人たちをも魅了する。

2階

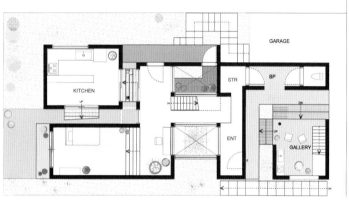

1階

地下1階

審査講評　　傾斜地に立つ3階建ての都市住宅だが、さらに部屋スケールの小さなボリュームに分割して立っており、細い隙間に吹き抜けの外部空間を複数挿入することで、極めて開放的な立体空間が生まれている。中央部が背中合わせに繋がれた対称的なL字平面とし、それぞれのボリュームの各階スラブが敷地の傾斜に合わせてずれることによって、住宅内に庭園を回遊するような楽しさを生み出している。またいくつかの部屋は外部に大きく開かれた半屋外空間となっており、タイトル通り住居と庭が立体的に絡み合った魅力的な作品である。

（槻橋 修）

武庫川女子大学賞 ｜ 橘 柚希 ｜*Tachibana Yuki*　神戸芸術工科大学 芸術工学部 環境デザイン学科 2年

つながる空間

課題名・9坪の木造住宅

提案主旨	今回の9坪の家を考える際、1つの家族が温かい空間を築いていけるようなコミュニケーションのとれる住宅を作りたいと感じ、設計しました。どの空間にいても互いの存在を意識してコミュニケーションを取れるよう、壁を最小限に抑えるためスキップフロアにしました。また、9坪は小さいですが、そう感じないように南東に大きな開口部を設け、リビングを広々とした空間にしました。

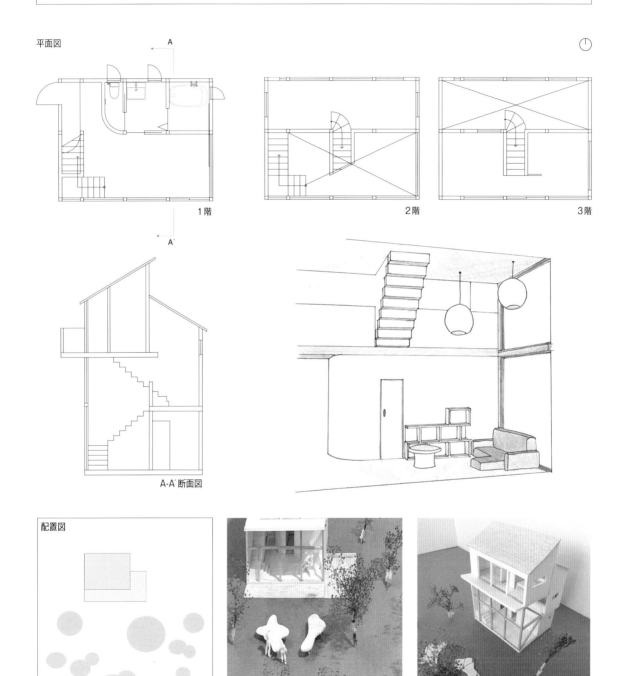

平面図

1階　　　2階　　　3階

A-A´断面図

配置図

審査講評	橘さんの作品は、大きな敷地の中にポツンと、天井高の高い小面積のスペースがスキップ状に積み上げられた塔が建っているのが不思議な魅力を有しています。外部にテーブルを置き敷地全体が水平に広がりのあるランドスケープと一体となったアウターリビングであるのに対して、建築が、外観においても、内部空間においても垂直方向を意識させる構成となっている点が面白い。惜しむらくは、庭のデザインや、インテリア空間のデザインが十分に作りこまれていない点である。それぞれの空間をしっかり作りこめば、よりパワフルな案になったのではと思う。

(岩田 章吾)

大手前大学

OTEMAE UNIVERSITY

- カフェ空間のある複数世代の住宅
- 傾斜地に立つ戸建て住宅の設計

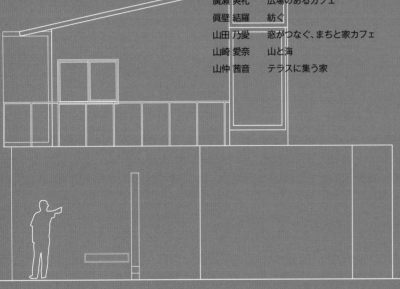

| 奥田 知奈美 | Okuda Chinami　　大手前大学 建築&芸術学部 建築コース 建築専攻 2年

繋がる場

課題名 · カフェ空間のある複数世代の住宅

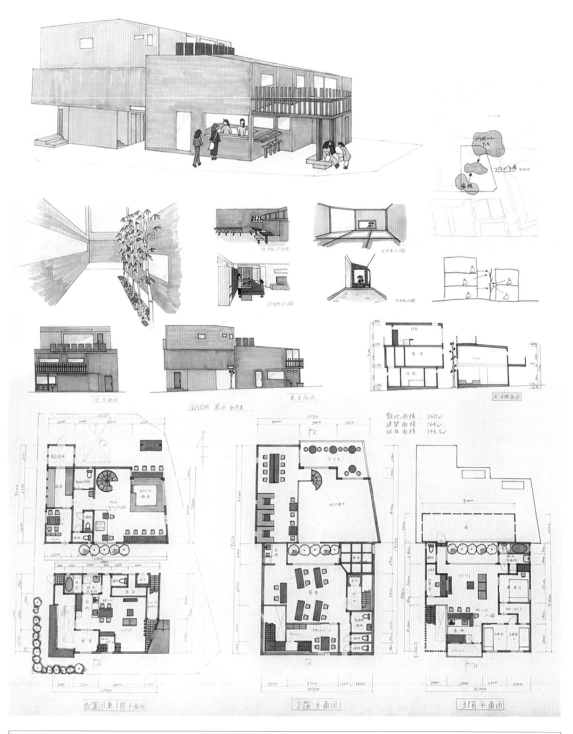

提案主旨

それぞれ違う場所にいながらも繋がりを感じられる空間を提案する。この土地は、目の前に子ども園があり街の駐輪場が隣接する。そこで、テイクアウトが可能かつゆったりと寛ぐことができるカフェにした。ふらっと立ち寄る事が出来るようにベンチを設け、地域の交流が行える。珈琲から定食まで用意し様々な用途で利用できる。カフェと住宅との間に3mのスペースを設け植栽の竹を配置することで、間接的に同じ景色に通じ繋がる事を可能にした。開口部を互い違いにする事で、お客様と住人とのプライベートを確保した。

| 小林 千陽 |Kobayashi Chihiro   大手前大学 建築&芸術学部 建築コース 建築専攻 2年

緑で分ける街の中の小さな憩い

課題名・カフェ空間のある複数世代の住宅

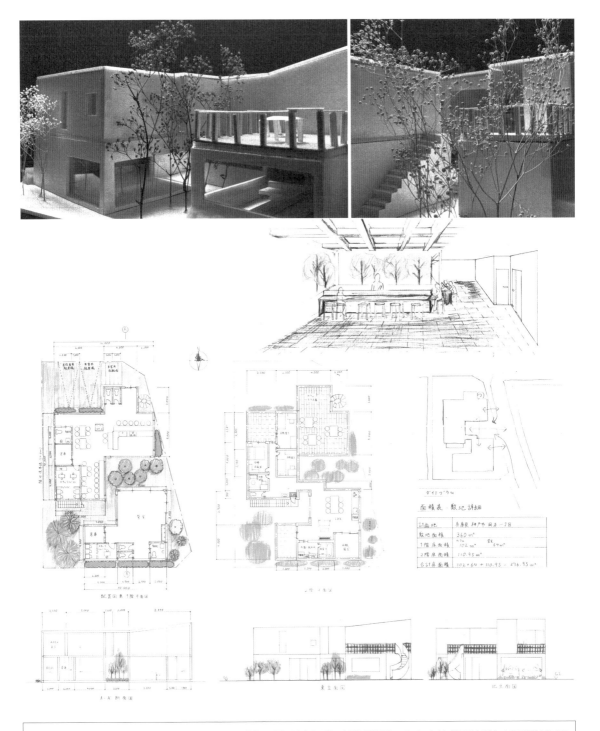

提案主旨

人通り、車通りも多い住宅街に囲まれた敷地に、緑とひとときの憩いを楽しむ場所をつくった。大きい開口部を設け、中庭に植栽を施すことでカフェと貸室の共有の庭をつくり、2棟は中庭によって繋がりを持つ。2階は分離してはいるが廊下によって繋がりを持つ。開口部それぞれからは庭の植栽を見ることができる。1階2階ともに開口部があることで、外と室内の視線を適度に交わすことができる。完全に切り離すのではなく、適度に繋がりを持つことで使う人がひとときの憩いを楽しむことができる。

| 齋藤 大勢 | Saito Taisei   大手前大学 建築&芸術学部 建築コース 建築専攻 2年

壁の家

課題名・カフェ空間のある複数世代の住宅

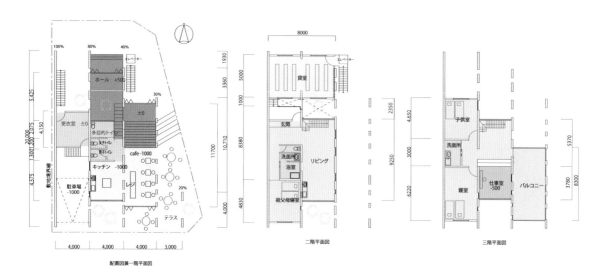

配置図兼一階平面図　　二階平面図　　三階平面図

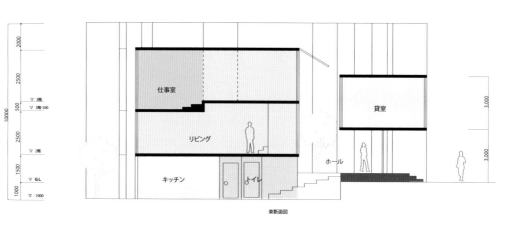

東断面図

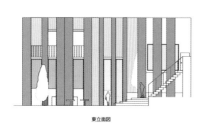

東立面図

南立面図

敷地面積	360㎡
建築面積	182㎡
延べ床面積	390㎡
建蔽率	51%

提案主旨

コンセプトは壁による快適な空間。
5枚の壁を設置し、壁の隙間の長さや床の高さを変えることで、プライベートとパブリックの空間を分け、開放的な空間で生活することができるようにした。東側は、壁の隙間を多くし、カフェや庭などの公共の目的での利用が可能で、西側は壁の隙間を少なくし、フロアの高さを変え、植物を置くことで、私的空間を守ることができるように設計した。

| 末武 源野 | Suetake Genya　　大手前大学 建築&芸術学部 建築コース 建築専攻 2年

自然が集うカフェ住宅

—— 課題名・カフェ空間のある複数世代の住宅

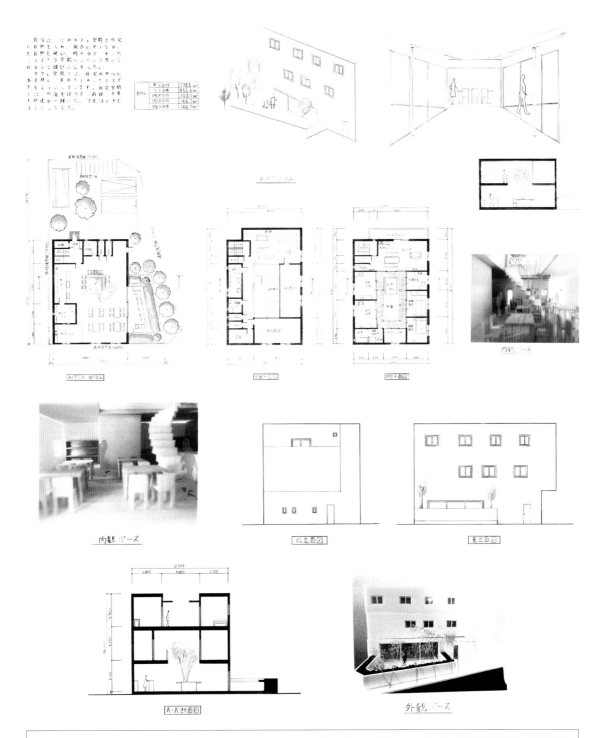

提案主旨　　私は、岡本駅の周辺には自然が足りないと感じ、カフェと住宅が自然を感じさせ穏やかでゆったりとできる空間になるよう、自然を中心とした設計にした。ヤマボウシは落ち着いた空間に適していると考え、中心に植えることでカフェ空間と文化教室がつながるようにしている。住宅空間では中庭を設けて、夫婦や子供などが部屋と中庭を行き来し、三世帯で楽しく一緒に生活できるようにした。

| 廣瀬 爽礼 | Hirose Sora　　大手前大学 建築&芸術学部 建築コース 建築専攻 2年

広場のあるカフェ

課題名・カフェ空間のある複数世代の住宅

・敷地周辺調査

・街の様子
周辺調査マップ

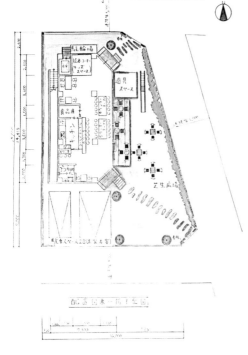

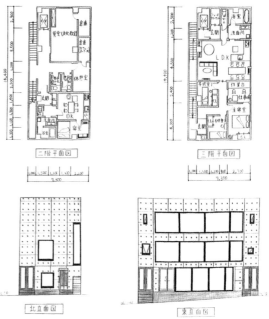

二階平面図

三階平面図

北立面図

東立面図

提案主旨

建物を最小限に、外の広場を最大限に利用できるような、緑ある憩いの場をコンセプトに空間を設計した。カフェには多くの人が利用できるよう、室内・テラス席含め60席のイスを用意し、1階にカフェを、2階と3階にはピアノ教室と住居をコンパクトに納める。計画地の傾斜を利用して、引き込まれるような広場を表現するため、立体感のある植栽とアプローチの枕木を設置し、動線がよりなめらかになるような設計を提案する。

| 眞壁 結羅 | *Makabe Yuira* 　大手前大学 建築&芸術学部 建築コース 建築専攻 2年

紡ぐ

—— 課題名・カフェ空間のある複数世代の住宅

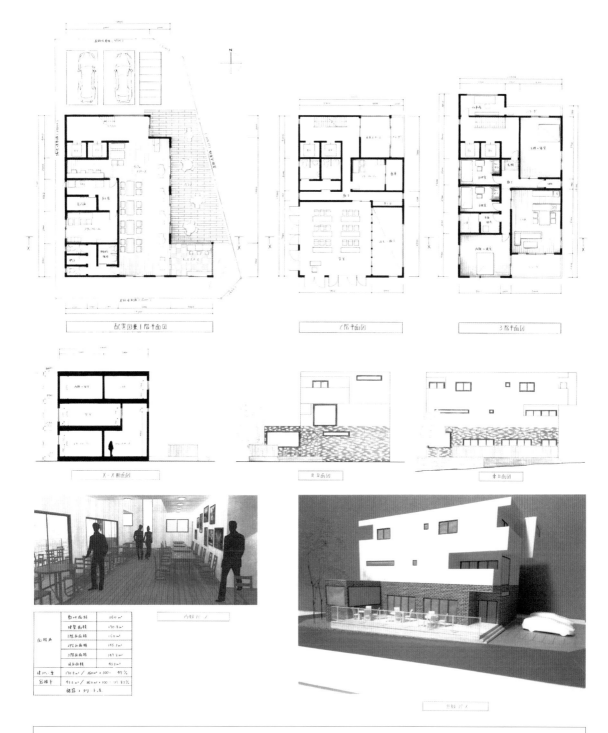

提案主旨

1階と2階を用途別のパブリックな空間、3階をプライベートな空間とした建物を計画した。1階には、敷地調査を行った際に多く見かけた大学生や近くのこども園に通う親子をターゲットとしたカフェを設置し、更に敷地に沿った形の広いテラスとキッズスペースを建物の北側からも見えるように設けた。2階には貸室と吹き抜けを繋げて設置する事で、貸室とカフェの2つの空間を完全に離さないよう工夫した。そうする事で人同士の関係を紡ぎ、賑わいを生むような空間を目指した。

| 山田 乃愛 | Yamada Noe　大手前大学 建築&芸術学部 建築コース 建築専攻 2年

窓がつなぐ、まちと家カフェ

—— 課題名・カフェ空間のある複数世代の住宅

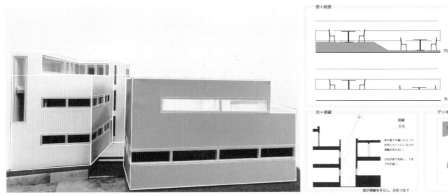

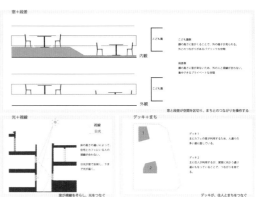

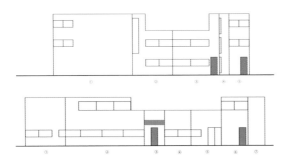

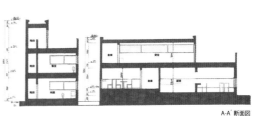

A-A´断面図

配置図兼1階平面図

2階平面図

3階平面図

カフェ内観パース

提案主旨

こども園が近くにある土地で、3世代の家族の住宅とその家族が経営するカフェと貸室を設計した。住宅とカフェ・貸室を別棟にすることで、まちとの繋がりかたを調節し、窓を使ってさまざまな変化をもたらした。東面にある長い窓は、カフェ内部の高さの違いにより、見える景色が変わり、北側では、顔の高さに窓が来て子供の様子が見える。反対に、南側は顔の高さに窓が来ないため、集中できる空間になっている。このように、窓が外とのつながりを操作し、パブリックな空間とプライベートな空間を創り上げている。

| 山崎 愛奈 |Yamasaki Anna　大手前大学 建築＆芸術学部 建築コース 建築専攻 2年

山と海

課題名・傾斜地に立つ戸建て住宅の設計

配置図

LDK パース

家族の集いの場となる LDK は、大きな窓と建築化した曲線家具がポイントである。ダイニングは、階段の段差を利用しその上にさらにクッションを置き高さを調整することでソファやベンチとして利用できるように計算した。"のぼる" と "すわる" をかけ合わせることで唯一無二の空間作りに挑戦した。

廊下の本棚・アルコーブ

2階のパッサージュは、本棚やアルコーブを設置し単なる通路となってしまいがちな廊下を、明るく落ち着けるようなくつろぎの場となるように工夫した。また、1階の中庭の吹き抜け部に窓を設置することで上下の繋がりを感じられる立体構成にした。

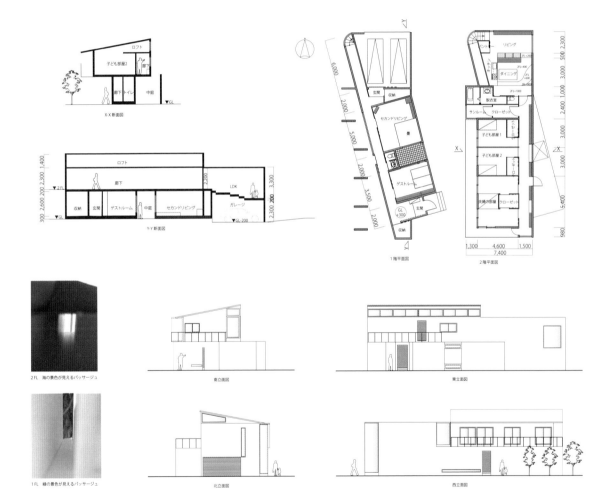

2 FL 海の景色が見えるパッサージュ

1 FL 緑の景色が見えるパッサージュ

X-X 断面図

Y-Y 断面図

南立面図

東立面図

北立面図

西立面図

1 階平面図

2 階平面図

提案主旨

ヨドコウ迎賓館の駐車場であるこの敷地は、山も海もどちらの景色も楽しめる。そこで、暮らしの中でそれら2つの自然の要素を感じられるような案が思い浮かんだ。1階と2階で山の緑と海の青が切り替わるような住宅にするため、各フロアに南北へ貫くパッサージュを設け、その先に自然を感じられるように角度や採光計画などに取り組んだ。他にも、2階のLDKは段差を生かして建築化家具を設計したり、本棚やアルコーブを設けることで、廊下を単なる通路として利用するだけではなく多種多様な用途を持たせた点などがポイントである。

| 山仲 茜音 | *Yamanaka Akane*　大手前大学 建築&芸術学部 建築コース 建築専攻 2年

テラスに集う家

課題名・傾斜地に立つ戸建て住宅の設計

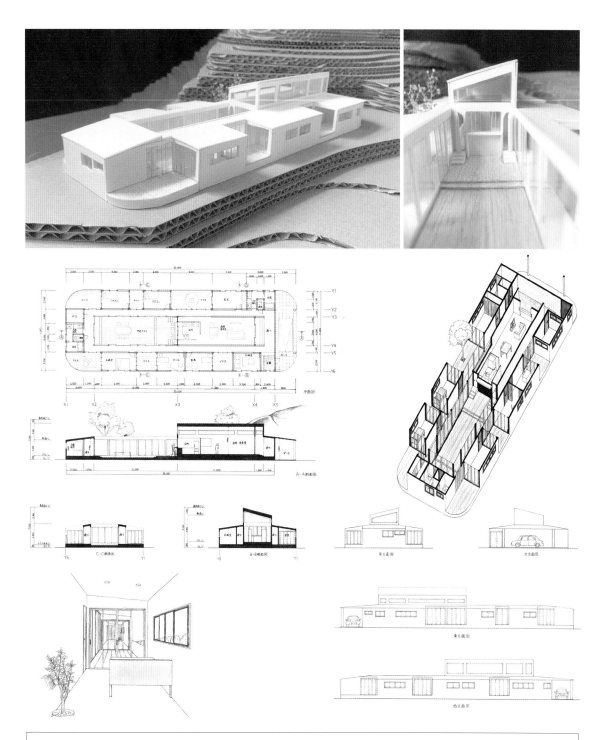

提案主旨

テラスに家族が自然と集まれるような家を考えました。建物の特徴として大きさがバラバラのテラスを合計で7つ作りました。アシンメトリーになるように場所も大きさもほとんど違っています。家の中心にある中央テラスは家族や来客が集まれる空間になっています。他の周りに設置してあるテラスは、部屋と隣り合わせになるようにしているため、個人専用のテラスとしても使用することができ、自分だけのテラスを作れます。住宅であるけれど、たくさん光が差し込みどこか住宅とはまた違った不思議な空間が感じられるようにしました。

関西学院大学

KWANSEI GAKUIN UNIVERSITY

■ FAMILY ACTIVITY SOCIAL
■ Place with a Habit: Architect's house and atelier
■ FAMILY / Regional / NEW NORMAL / SOCIAL ISSUE　ハンター坂に建つ家

| 太田 妃南 | *Ota Hina* | 関西学院大学 総合政策学部 都市政策学科 3年

Nakazaki Vase de Base

課題名 · FAMILY ACTIVITY SOCIAL

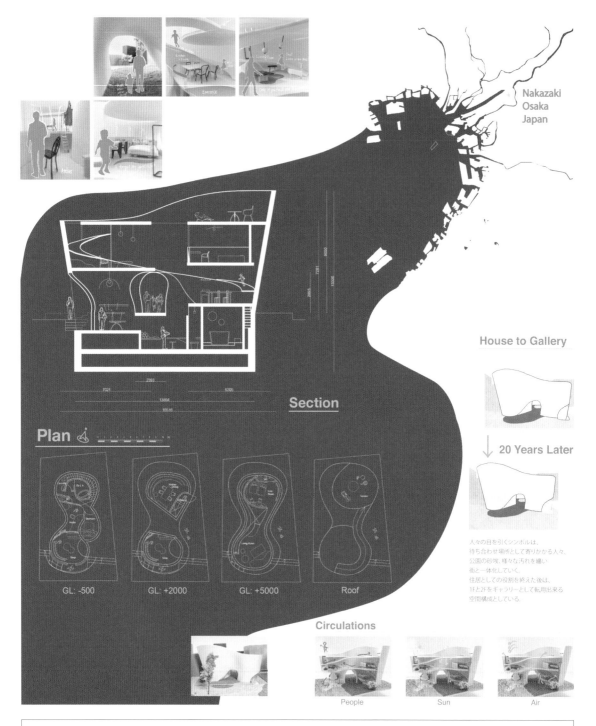

Nakazaki
Osaka
Japan

Section

House to Gallery

↓ **20 Years Later**

人々の目を引くシンボルは、
待ち合わせ場所として寄りかかる人々、
公園の砂埃、様々な汚れを纏い
街と一体化していく。
住居としての役割を終えた後は、
1Fと2Fをギャラリーとして転用出来る
空間構成としている。

Plan

| GL: -500 | GL: +2000 | GL: +5000 | Roof |

Circulations

| People | Sun | Air |

提案主旨
　　"Vase"-花瓶の様な形をした建物は、古着の街「中崎町」の"Base"-拠り所・古着リメイクの拠点として、新たな中崎の"シンボル"となる。窓のない住宅はオブジェのように佇むことで公園という場の公共性を保ち、そこに住む住民のプライバシーも守る。また閉鎖的な空間にならぬよう内部空間は部屋同士を緩やかなスロープで繋ぎ、住宅として役目を終えた後はギャラリーとして転用出来るような空間構成とした。真っ白な外壁は公園の砂埃や公園利用者が寄りかかることによって汚れを纏い、中崎の空気感に徐々に馴染んでいく。

| 奥中 涼太 | Okunaka Ryota | 関西学院大学 総合政策学部 都市政策学科 3年

Bee Happy——ミツバチから生まれる共存共栄のネットワーク

課題名・FAMILY ACTIVITY SOCIAL

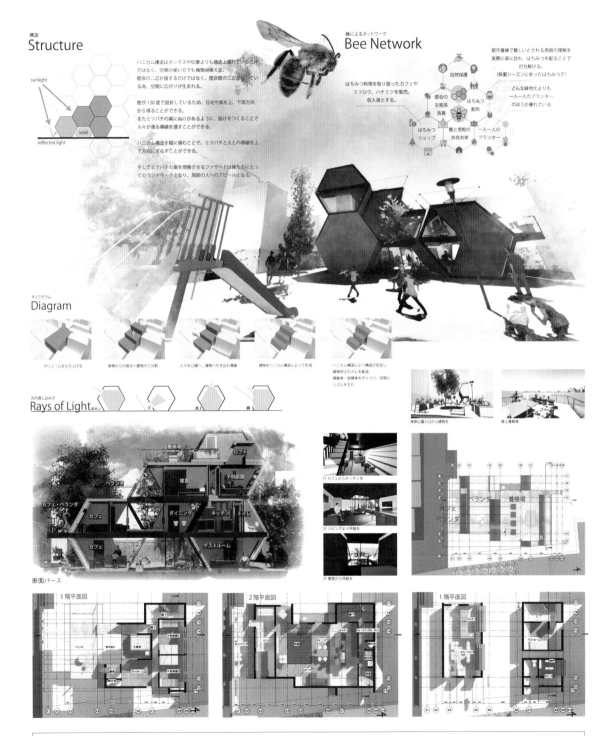

構造 Structure

sunlight
void
reflected light

ハニカム構造はボックスや切妻よりも構造上優れているだけではなく、空間の使い方でも種類が増える。
壁床の二辺が接するだけではなく、壁床壁の三辺が接しているため、空間に広がりが生まれる。

壁が120度で屈折しているため、日光や風を上、下両方向から得ることができる。
またミツバチの巣にぬけがあるように、抜けをつくることで人々が通る導線を通すことができる。

ハニカム構造を縦に積むことで、ミツバチと人との導線を上下方向にずらすことができる。

そしてミツバチの巣を想像させるファサードは蜂たちにとってのランドマークとなり、周囲の人々へのアピールとなる。

蜂によるネットワーク Bee Network

はちみつ料理を取り扱ったカフェやミツロウ、ハチミツを販売。収入源とする。

自然保護

都市養蜂で難しいとされる周囲の理解を実際に家に訪れ、はちみつを配ることで打ち解ける。
（探蜜シーズンに余ったはちみつで）

どんな緑地化よりも一人一人のプランターのほうが優れている

都会の生態系改善 / はちみつ配布 / はちみつショップ / 蜜と受粉の共存共栄 / 一人一人のプランター

ダイアグラム Diagram

ボリュームを立ち上げる / 南側からの採光+建物の三分割 / 人々を公園へ、建物へ引き込む導線 / 建物をハニカム構造によって形成 / ハニカム構造により構造が安定し建物同士のズレを創造 建蔽率・容積率を守りつつ、空間にリズムを生む

光の差し込み方 Rays of Light

斜め上 / 下 / 真上 / 横

東側公園入口から建物を / 屋上養蜂場

断面パース

養蜂場 / ロフト / 寝室 / 子供部屋 / ベランダ / カフェ・ベランダ / カフェ / 和室A / ダイニング / キッチン / トイレ / カフェ / ゲストルーム

1Fカフェからキッチンを / 2Fリビングより呼庭を / 3F寝室から呼庭を

カフェ・ベランダ / ベランダ / 養蜂場

3階平面図 / 2階平面図 / 1階平面図

提案主旨
都市型養蜂住宅を提案。ミツバチを通して都市に緑のネットワークを形成する。大阪は日本で最も緑が少ない都市である。中崎町も同様だが、本課題の敷地は公園で、緑があり一種のオアシスのように感じた。周辺では家庭菜園やプランターなどを自宅の前に構える家が多くあった。そこでミツバチを利用し、緑のネットワークを形成する。ミツバチは半径2kmものプランターの受粉を手伝うことができる。受粉を手伝う代わりに、蜜を頂くという関係性ができる。そして集めたハチミツを店で販売することで都市に還元することができると考える。

| 小田 敦士 | Oda Atsushi | 関西学院大学 総合政策学部 都市政策学科 3年

甘宿り——象徴と交流空間の創造
（あまやど）

課題名・FAMILY ACTIVITY SOCIAL

ダイアグラム　-住宅空間-

住宅建築は中崎の象徴的存在に
多方向から見ても表裏などの区別のない
アール（曲面）の円形建築をベースとする

＋

人工的形状のボックス空間の介入
部屋となるプライベート空間をボックスの
中に設ける

＝

自然的な壁と人工的空間の共存
自然の法則を吹き込むアール壁と人工的な
ボックス空間を合わせ、共存を図る。

ダイアグラム　-交流空間-

空間提案
パティシエの家
×
憩いの場"甘宿り"空間の構築

住宅空間
甘宿り
交流空間
ベンチ　ショップ

3F平面図

アマ宿り

傘の数を増やし、高低差をつける

読書を楽しんだり…
公園で遊ぶ子供を見守ったり…
甘宿りしたり…

2F平面図

A-A'断面図

B-B'断面図

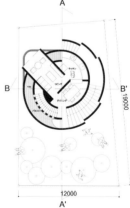

配置図兼1F平面図

B1平面図

提案主旨

大阪市中崎町は、老若男女問わず幅広く人が混合する場所。また、今もなお昭和の下町風情が残り、懐かしい町並みが特徴的。その一方で、カフェや古着屋など、それぞれの建物に人が閉じこもる印象があった。そこで、この地に提案するのは、「甘宿り」のできる建築空間。パティシエという社会活動を通して、甘い宿りを中崎町で体感してもらう。まちにひらかれて、中崎の象徴となるような建築空間を提案し、人が集う場所を創造する。

| 永井 貴二 | Nagai Kanji　　関西学院大学 総合政策学部 都市政策学科 3年

公園を引き込む家

課題名・FAMILY ACTIVITY SOCIAL

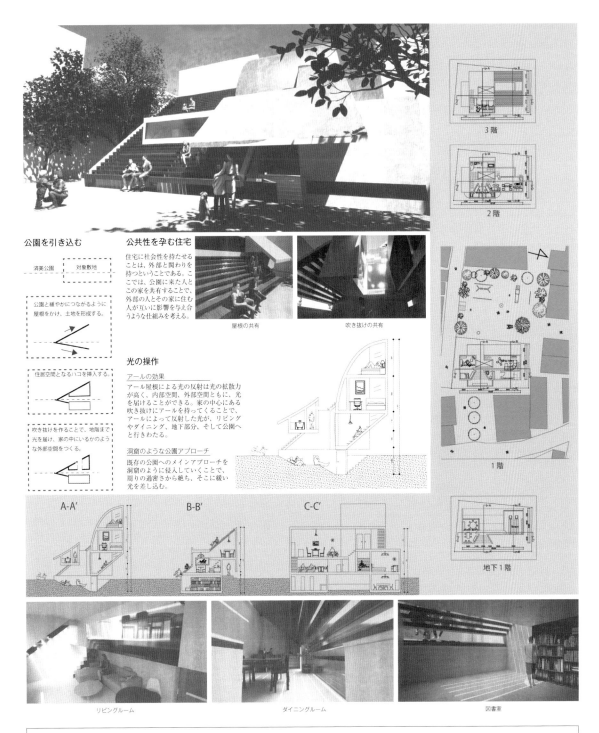

公園を引き込む

済美公園　　　対象敷地

公園と緩やかにつながるように
屋根をかけ、土地を形成する。

住居空間となるハコを挿入する。

吹き抜けを作ることで、地階まで
光を届け、家の中にいるかのよう
な外部空間をつくる。

公共性を孕む住宅

住宅に社会性を持たせる
ことは、外部と関わりを
持つということである。こ
こでは、公園に来た人と
この家を共有することで、
外部の人とその家に住む
人が互いに影響を与え合
うような仕組みを考える。

屋根の共有　　　　　吹き抜けの共有

光の操作

アールの効果
アール屋根による光の反射は光の拡散力
が高く、内部空間、外部空間ともに、光
を届けることができる。家の中心にある
吹き抜けにアールを持ってくることで、
アールによって反射した光が、リビング
やダイニング、地下部分、そして公園へ
と行きわたる。

洞窟のような公園アプローチ
既存の公園へのメインアプローチを
洞窟のように侵入していくことで、
周りの過密さから絶ち、そこに緩い
光を差し込む。

3 階

2 階

1 階

地下1 階

A-A'　　　　　　B-B'　　　　　　C-C'

リビングルーム　　　　　ダイニングルーム　　　　　図書室

提案主旨

済美公園は建物が密集した中崎町のボイドとして存在している。この公園の一角に住宅を建てるとき、公園の役割を担わなければならな
い。この住宅のあり方として公園としての社会性を持たせることを考えた。公園と地続きになったルーバー屋根は公園を引き込み、室内に
はいくつものスリッド状の光を落とす。住人は、公園を眺めることができ、逆に公園に来た人は住人の生活の一部や共有スペースを目にし、
屋根に座るだろう。そのように、公園に休みに来た人と住人が共に安らげるような、公園本来の役割を引き継いだ住宅を提案する。

| 長浦 良弥 | *Nagaura Kazuya* | 関西学院大学 総合政策学部 都市政策学科 3年

間(かん)──新旧を繋ぐ、家族を繋ぐ、地域を繋ぐ「間」としての住宅

課題名・FAMILY ACTIVITY SOCIAL

西立面図

A-A' 断面図

中崎町の廃材調査・分類方法

「明度」による分類
→明るい素材は清潔、軽い印象を与える。公共性のある場のイメージを持つ。
→暗い素材はシック、重厚な印象を与える。私的で落ち着いた場のイメージを持つ。

「色相」による分類
→暖色系は暖かい印象を与える。楽しい、明るい、優しいイメージを持つ。
→寒色系は冷たい、涼しい印象を与える。クール、落ち着いたイメージを持つ。
→中性色は寒暖の特徴は感じにくく、平和や神秘的なイメージを持つ。

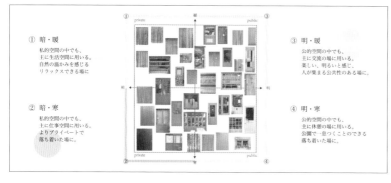

① 暗・暖
私的空間の中でも、
主に生活空間に用いる。
自然の温かみを感じる
リラックスできる場に

② 暗・寒
私的空間の中でも、
主に仕事空間に用いる。
よりプライベートで
落ち着いた場に。

③ 明・暖
公的空間の中でも、
主に交流の場に用いる。
楽しい、明るいと感じ、
人が集まる公共性のある場に。

④ 明・寒
公的空間の中でも、
主に休憩の場に用いる。
公園で一息つくことのできる
落ち着いた場に。

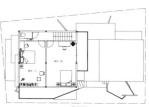

4階平面図

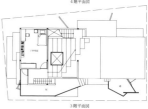

3階平面図

2階平面図

1階平面図

壁と廃材のダイアグラム

最小限の私・公の境界

分解して境界を曖昧に

私的空間の拡張
公的空間の確保

二次部材として自由
に廃材を配置

私的空間の再構築

構造壁と廃材

最小限の境界に用いる壁を構造壁とし、それらを取り巻くように廃材を配置する。そして、中崎町ならではの小さなスケールの空間を住宅の内部、外部、周辺に構築することで、小さなアクティビティが生まれる。

廃材のもたらす効果

廃材を「再利用」し、素材から感じられる「地域性」を生み出す。そして、小さなスケールが内外に複雑に集まることによって新しく「公共性」のある空間を作り出す。未来の中崎町の象徴となるような、素材、年代、人の「間」として繋ぐ場を構成した。

提案主旨

100年の歴史を持つ中崎町は、木造密集地域であり、昔ながらの木造の長屋が多く見られる。近年のリノベーションの流行に伴い形成された特徴的な街並みは、多様な要素に溢れている。本課題では、時代や素材、様々な人種が入り交じったこの中崎町で、これらを繋ぐ媒介としての住宅を提案する。中崎町の廃材を二次部材として利用し住宅をつくる社会活動によって、地域の資源の再利用、高齢者から受け継ぐ地域性、若者が作り上げる公共性、未来社会の象徴の場として継承することを実現する。

| 仲田 有志 | Nakata Yushi　　関西学院大学 総合政策学部 都市政策学科 3年

開かれた庭を持つガーデンデザイナーの住まい
──家庭園芸を介した新たな交流の創出

課題名・FAMILY ACTIVITY SOCIAL

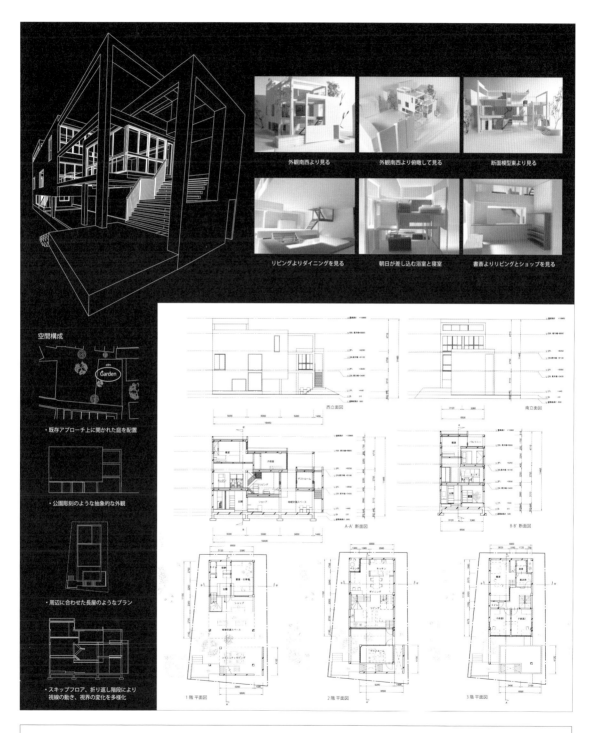

外観南西より見る　　外観南西より俯瞰して見る　　断面模型東より見る

リビングよりダイニングを見る　　朝日が差し込む浴室と寝室　　書斎よりリビングとショップを見る

空間構成

・既存アプローチ上に開かれた庭を配置

・公園彫刻のような抽象的な外観

・周辺に合わせた長屋のようなプラン

・スキップフロア、折り返し階段により
　視線の動き、視界の変化を多様化

西立面図　　南立面図

A-A' 断面図　　B-B' 断面図

1階 平面図　　2階 平面図　　3階 平面図

提案主旨　中崎の街の特徴として家庭園芸に注目した。この街は長屋住宅の名残で敷地全体に住宅を構え、庭を十分に確保できていない。しかし住民はポーチすらない玄関前に棚を設え、植木鉢を目一杯に並べる。そんな街の公園に立つ住宅は植物を介した交流ができるスペースが必要である。この住宅は一般人も通り抜けられる、公園に開かれた庭を有する。地域住民が各自の植物を持ち寄って住まい手であるガーデンデザイナーに預けて育ててもらったり、公園の植物を皆で育てたりと、植物の託児所のような場が公園の公共性を担保する住宅となっている。

| 若原 ななこ | *Wakahara Nanako* 　関西学院大学 総合政策学部 都市政策学科 3年

路地から出会いが生まれる家

—— 課題名·FAMILY ACTIVITY SOCIAL

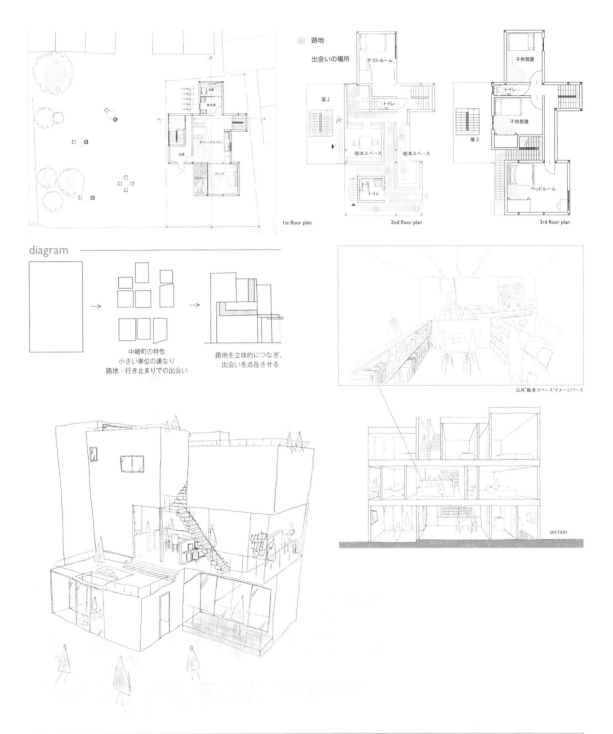

1st floor plan

2nd floor plan

3rd floor plan

路地
出会いの場所

ゲストルーム
子供部屋
トイレ
絵本スペース
絵本スペース
ベッドルーム

diagram

中崎町の特性
小さい単位の連なり
路地·行き止まりでの出会い

路地を立体的につなぎ、
出会いを点在させる

公共"絵本スペース"イメージパース

section

提案主旨　　　コンセプトは「公開空地な家」です。公園の一角にあることや住宅だけど公共の役割を持つことから、この町に住む人にも自由に使っても
らえる空間をつくりたいと思い「一般に開放され自由に利用できる区域」というコンセプトにしました。公共機能は絵本の図書館とし、学
びを提供する空間を設計しました。中崎町が小さい単位の集まりで路地を形成していることや、路地の先にお店や人との出会いがあるこ
とから、住宅の中に路地をつくりました。立体的に路地をつくることで人との出会い·絵本との出会いなどが生まれるようにしています。

| 渡辺 賢太郎 | Watanabe Kentaro　　関西学院大学 総合政策学部 都市政策学科 3年

中崎アンフィテアトルム──パブリックを内包した住宅

課題名・FAMILY ACTIVITY SOCIAL

広場から劇場への昇華

広場に劇場という機能を与える。これによって、人が歩みを緩めるきっかけを作る。そこでは、住み手の音楽家が、知り合いを招き、弦楽器の演奏会を行っている。ストリート劇場のように、カフェや広場に訪れた人は見入り、時には参加するような、出会いや賑わいを創出する力を強める。また、劇場周囲を囲う壁は、決して開放的であるとは言えない。しかしその壁は、音によって興味の対象となり、人々を劇場へ招く。

音という特性は、中崎町の線的な再開発の展開という問題を解決する糸口となる。音は物理的な壁を越え、人々のにぎわいを柔らかく包み込む。街のBGMとなるこの場所と公園は地域のシンボルとなる。

ダイアグラム

円形広場を敷地の中に配置する。

ボックスの設置。重なるように配置することで、パブリックとプライベートの関係性のきっかけを作る。

ボックス内部空間の設計。サークル型の広場を中心とした住宅空間を作る。

ラウンドアバウト型の円形広場の可能性

広場は公園への接続部の交差点役割を果たすことが求められる。そこでヨーロッパでよく取り入れられているラウンドアバウト（環状交差点）のように人が円を描きながら、通過するような広場となる。これによって周囲の道路から速度を落とすことがなく入りやすい広場となるのではないだろうか。この流れは、子供にとっては遊び場としての楽しみや、常に円を描くように動く動線は、広場内に循環を生み、出会い、時にはベンチに腰掛けるなどして賑わい、出会いを作りながら周囲に展開していくことが可能ではないだろうか。

住宅としてのプライベートの確保

パブリック空間となる円形広場は、住宅において時に、プライベートを担保できない空間となる。それを防ぐために公園と路地のレベル差や、壁の高さなどによって視界の抜けを調整する。閉鎖でも開放でもどちらとも捉えられるような広場空間を目指す。そうすることで、時には広場、時には自分の庭となるような住み手のコントロール下におくことができる。

住宅内への劇場の導入

段差の使いかた

ソフト面で境界が変化する住空間

提案・展望

a. ソフト面

平日

休日

貸し切り

円形劇場は、ステージと住宅内の観客席が同心円状に広がっておりその同心円の性質を利用し、パブリックとプライベートの境界を設定する。住み手が、平日や、休日、カフェを運営している時と、閉じている時など、様々な日常の場面で、境界を設定する。

b. 時間の流れ

10年後

30年後

また、短い時間軸だけではなく、長い時間軸で考えたときも同様である。家族構成の変化に応じて、パブリックスペースを徐々に広げていき、地域との関係性を深めたり、プライベート空間を広げ、家族との時間を大切にすることができるように境界を定めることができる。劇場という一つの大きな空間の特性は、段差によって緩やかに分けられ、家具や視線の抜けによってその空間に境界を設ける。

1F

2F

B1F

提案主旨

音楽家の家族が住む住宅。懐かしい姿をしたまま、新たな魅力を個々が展開する中崎町で、賑わいの交差点となるような住宅を目指した。敷地には隣の公園を延長するように広場を設け、音楽活動の場とした。劇場のような空間になるように設計した広場は、舞台と客席の関係性を持ち、客席の要素を持つ空間は緩やかに住宅内に広がっていくように設計した。これによりパブリックとプライベートの境界を曖昧に、様々な日常の場面に対応した住空間を生み出した。広場から演奏される音楽は中崎町のBGMになり、人々を惹きつける新たな魅力としたい。

| 川瀬 稜太 | Kawase Ryota　　関西学院大学 建築学部 建築学科 2年

日々、累々

課題名 · Place with a Habit: Architect's house and atelier

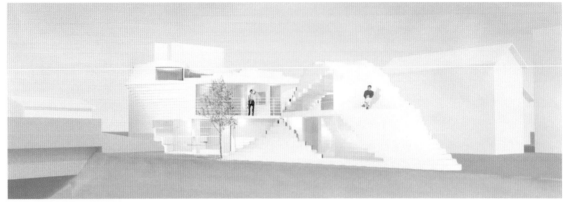

ダイアグラム　旧武庫川の河川敷沿いの道を大きな流れと見立てて蛇行して支流が集まっていくような形態にした。

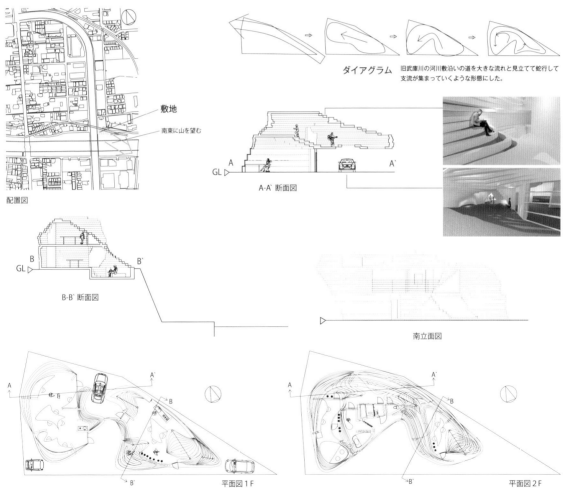

敷地

南東に山を望む

配置図

A　　　　　A`
GL
A-A` 断面図

B　　　B`
GL
B-B` 断面図

南立面図

A`　　　B　　　　平面図1F

A`　　　B　　　　平面図2F

提案主旨　三田平野に横たわる二級河川、武庫川。戦後の治水工事により直線化し、自然にみられるようなおおらかに蛇行した形態ではなくなった。しかし、それ以前に川に沿って作られた道が残り香のように三田の街に張り巡らされている。本設計ではこれらをふまえ、自然の有機的な流れから着想を得た。曲線が重なったように構成され、ところどころにある「溜まり」のような空間では、住人が各々に自分の時間を積み重ねていく。

| 岸田 早映香 | *Kishida Saeka* 　関西学院大学 建築学部 建築学科 2年

CORNERS

課題名・Place with a Habit: Architect's house and atelier

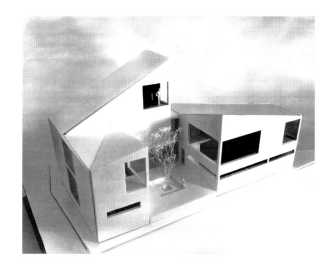

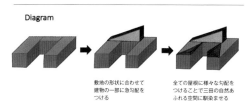

Diagram

敷地の形状に合わせて
建物の一部に急勾配を
つける

全ての屋根に様々な勾配を
つけることで三田の自然あ
ふれる空間に馴染ませる

A-A' 断面図

南立面図

B-B' 断面図

N

3階平面図

2階平面図

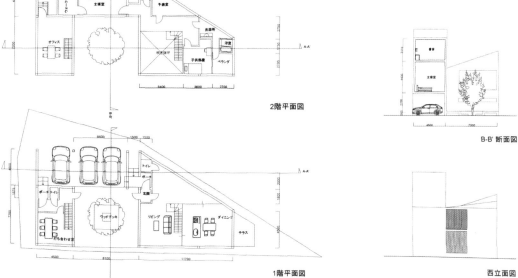

1階平面図

西立面図

提案主旨　この作品は人の視線を意識して考えたものである。川や山などの自然が多く感じられる三田の街で日常的にそれらを感じてもらえるよう
に、建物の角を利用して4つの大きな開口部を設けた。また建物の屋根に異なる角度の傾斜をつけることで、山脈を表現し三田の街並みに
溶け込むような空間づくりを考えた。このように内部からの視線も外部からの視線もどちらも楽しめるように考慮し、様々な見方ができ
る住宅にした。

| 酒本 健太郎 | Sakemoto Kentaro　　関西学院大学 建築学部 建築学科 2年

景色を切り取る家

課題名・Place with a Habit: Architect's house and atelier

配置図

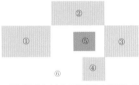

計画予定地は三田駅から続く大きな道と武庫川とが直交している場所なのでその地形を読み取り、道と川の軸線を住宅のファサードにも取り込む。

1. 景色を切り取るにあたり、筒状の形態にし川に向かって、伸びるようにボリュームを配置していく。

2. 川側に大きさの異なる①〜④の開口を開けていく。大きさが異なることでいつも見る景色も違ったものになる。

3. ①〜④の開口の間にできた⑤がアトリエと居住空間の中間領域となり、プライベート空間とパブリック空間をゆるく繋げる空間となる。

4. ⑤のバルコニーよりさらに高さのある⑥の一階デッキテラスが、川(三田の自然)とボリュームをつなぐ中間領域となる。

断面図

■ 川と平行にすべての筒を貫くように横軸線で筒が一本通っている。このことで住宅アトリエ、各部屋の繋がりを強調。

□ 一階から三階まで貫く大きな吹抜けは、縦軸で筒が一本通っている。上下方向の繋がりを強調。

一階平面図

住宅部分とアトリエ部分の玄関を分けて動線が被らないようにする。

玄関アプローチ

アトリエ一階 / キッチン / 一階デッキテラス / 子供部屋

二階平面図

アトリエ二階 / 主寝室 / 子供室 / 二階バルコニー / ダイニング

階段自体が構造になっている部屋。階段を上っていきながら広がりを感じることが可能。

三階平面図

リビング

ダイニングキッチンからの見上げ。柱で空間を区切ることで視線を遮らず空間の連続性を高める。スキップフロアを多用することで連続性がありながら個々の部屋として自立させる。

玄関アプローチからの川への抜け。川への抜けを作ることでボリューム感を溢れさせ軽くなる。水辺にふさわしい軽さが出る。

大通りから見たアトリエ部分。仕事をしている様子を町に向けて発信する。街とのつながり。

正面パース(夜)。夜になると昼とは逆に内から光がこぼれ開口部がキャンバスになる。

裏道から大通りの角をあげて物置にし抜け感

子供部屋

川への抜け感などが広がり、一階デッキテラスが一望できる。

アトリエ部分 / 住宅部分

提案主旨

三田の自然を絵画のように景色を切り取る。大きい開口ではなく、形と高さの違う開口部を川に向かって伸ばすことで、景色を絵画のように切り取る額縁のようになり、今までなんとも思わなかった自然【川】を違った形で、取り入れることが出来きると考えました。ボリュームは開口部から伸びた筒状の形態で考え、それらを繋ぐように川と平行に各ブロックを繋げています。ここでは三田駅からの大きな道と川の軸と空への軸を直交する形で、住みながら軸を意識出来るようになっています。

| 清水 如花 | *Shimizu Kotoha* | 関西学院大学 建築学部 建築学科 2年

抜けのある家 −風が通り、光が差し込み、外から内、内から内へと視線が抜ける家

課題名・Place with a Habit: Architect's house and atelier

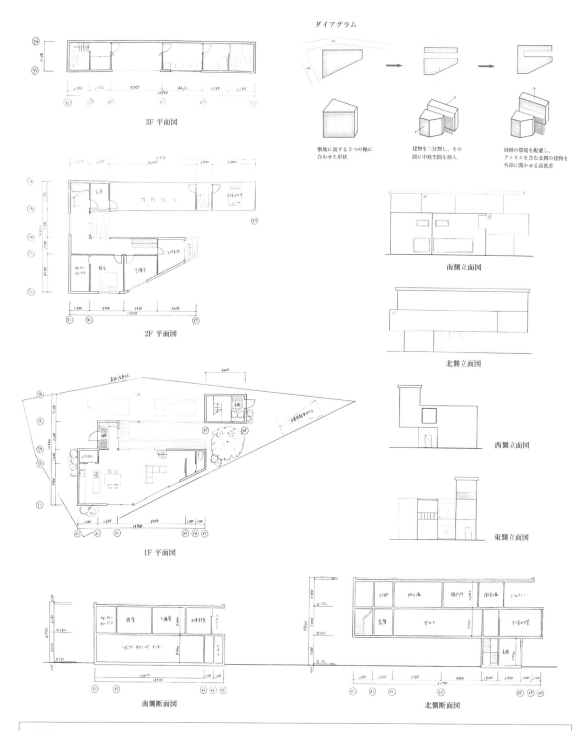

ダイアグラム

敷地に面する3つの軸に
合わせた形状

建物を二分割し、その
間に中庭空間を挿入

周囲の環境を配慮し、
アトリエを含む北側の建物を
外部に開かせる高低差

3F 平面図

2F 平面図

1F 平面図

南側立面図

北側立面図

西側立面図

東側立面図

南側断面図

北側断面図

提案主旨

西から吹く風や、電車の見える方向から上がる朝日、また目前を流れる武庫川などすべての方向に自然を感じることができるこの土地に、公共性と私的性をもった建築事務所兼住宅を設計する。自然に囲まれているが、この場所は道路に面しており往来する人の数も少なくはない。そこでガレージを緩衝材とした中庭をつくり、内だけでなく外にも緩く開かれた住宅を提案する。風が通り、光が差し込み、外から内、内から外へと視線が抜ける家である。

| 長谷川 大樹 | *Hasegawa Taiki* | 関西学院大学 建築学部 建築学科 2年

Under the Stone

—— 課題名・Place with a Habit: Architect's house and atelier

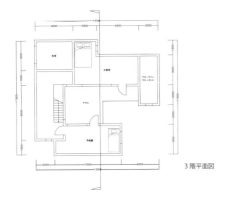

3階平面図

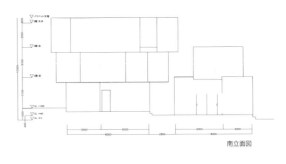

南立面図

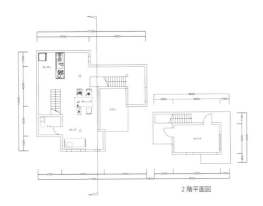

2階平面図

建物の形を決定するうえで「石」というものを考えた。陸上であっても水中であっても、石の下には多種多様の生物が存在する。つまり、「石の下」という場所は、生物にとってよりよい環境であり、また、誰にでも開かれた場所であるといえるだろう。そこで、石の下の環境を切り取った、逆三角形型のボリュームを考える。石の下の環境を事務所に、石内部を住宅部分として考えてみる。さらに内部をくりぬくと、内側にはプライバシーの守られた開放的な外部空間ができる。この形を基本形として設計を進めた。

まず、逆三角形型のボリュームを考える

内側にはプライバシーの守られた開放的な空間ができるとともに、外部にも独立した空間が生まれる

東側のオフィスのボリュームを考える際、上記の基本形を採用すると、上部の圧迫感が増し、街に開かれたとは言い難い。そのため、ピラミッド型のボリュームにすることにより、威圧的な雰囲気をなくすとともに、西側の住宅の関係性が見えるようになった。

上部が大きいと、空が見えづらくなり、開放感が薄れる

右側のボリュームを反対にすることにより、視線が上部まで通るようになり、より開放的になる

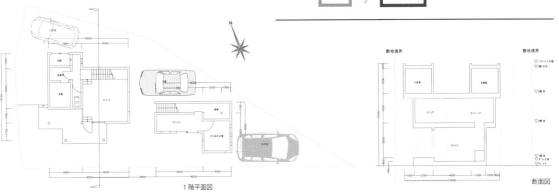

1階平面図

断面図

提案主旨
この住宅は建築家の事務所と住宅の併用住宅である。敷地は三田市の武庫川のそばにある大通りに面した三角形に近い土地である。この住宅を製作する上で意識した点は、住宅のプライバシーである。事務所という開かれる必要がある場と、住宅という家族だけの場を繋ぐ必要があった。そこですり鉢型にすることで、内側に家族の空間、そして下部の周囲に開かれた空間を作り出すことができると考えた。また、大通りから逆側の川方向に、大きく切れ目を入れることにより、内側に閉じるだけでなく、外に対しても開かれた空間になった。

| 藤木 南帆 | *Fujiki Naho* | 関西学院大学 建築学部 建築学科 2年

凹凸の家

課題名・Place with a Habit: Architect's house and atelier

開放的な雰囲気
…吹抜けとなる螺旋階段や大きい窓ガラスを使用することで、すぐそばの武庫川を感じることができる。また、適度に光の射す空間をつくっている。

外でのアクティビティ
…1階のテラス、バルコニーでは、アウトドアリビングやチェアリング、家庭菜園、BBQなどのアウトドアを気軽に楽しむことができる。

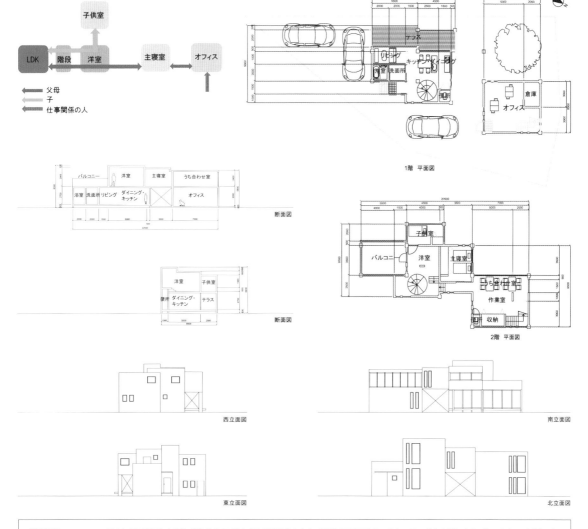

提案主旨

アウトドアの好きな家族が住むので、動きのある建築物にした。"凹凸の家"では3つのキーワードを大切にする。①マイペースに過ごすことができる空間：家族以外の人も頻繁に出入りする建物となるので、それぞれが気を使うことなく、自由に過ごせるよう間取りや出入り口を工夫。②開放感：南側には、武庫川を望むため、広いテラスや大きなガラス張りの窓を設置。③外でのアクティビティ：テラスから簡単に外へ出ることができ、バルコニーや大きな木、ピロティといった外でも快適に過ごすことができる空間とした。

| 細川 菜々子 | *Hosokawa Nanako* | 関西学院大学 建築学部 建築学科 2年

JUNGLE HOUSE

課題名 · Place with a Habit: Architect's house and atelier

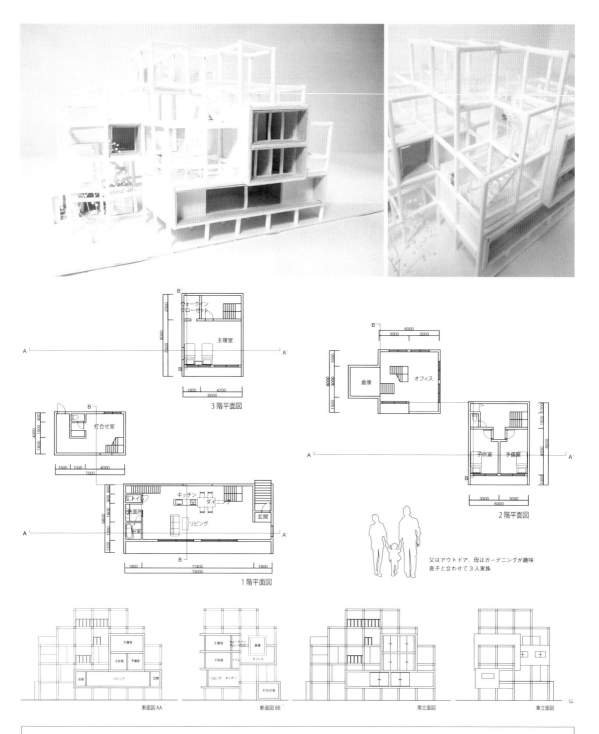

3階平面図

2階平面図

打合せ室

1階平面図

父はアウトドア、母はガーデニングが趣味
息子と合わせて3人家族

断面図 AA'　断面図 BB'　南立面図　東立面図

提案主旨

アウトドアが趣味の父とガーデニングが趣味の母に合わせて、外部空間を最大限楽しめるような家を考えた。3mスパンでたてたフレームの中に、住宅部分の箱、建築事務所部分の箱、そしてテラスを設置している。外側にフレームをつくり、ジャングルジムのように使うことで、横にも縦にも自由に使える空間ができる。また、高さのある建物だが、フレームの立方体が塞がっている部分と抜けている部分があることで、周りの環境から完璧に遮断せず、開けた印象を持たせている。

| 的場 陽斗 | *Matoba Haruto*　　関西学院大学 建築学部 建築学科 2年

ばらつきの統合

課題名 · Place with a Habit: Architect's house and atelier

ダイアグラム

2つ長方形を切り出し、敷地に合うように配置した

↓

長方形と長方形の間の隙間に抜け感や
無駄のないスペースを作る

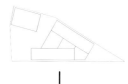

↓

全体的に統一感を出すために敷地の中心に向かって
上がっていくように屋根の傾きを決める

ポイント

南側（川側）に向いた小テラスは和室と繋がっており、そこに縁側のようなデッキを設けることで比較的狭い場所で心を落ち着かせながらゆっくりと過ごせる場所である

アトリエのほうに向いている大テラスは、住宅とアトリエを物理的、心理的に分けすぎないようにアトリエのほうに大きく開いた形となっている

小テラスに比べて面積は広く、家族や友人などとこのテラスで食事をとるなどだんらんができるスペースとなっている

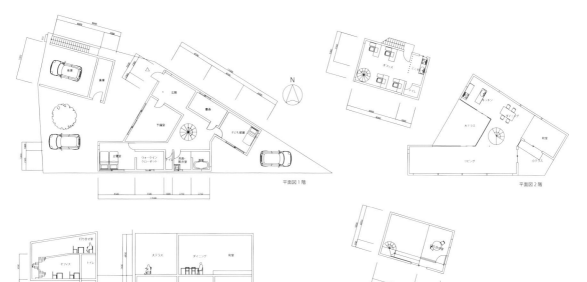

平面図 1 階

平面図 2 階

断面図

平面図アトリエ 3 階

提案主旨　この住宅のコンセプトは「三田の自然を生活の一部に」である。南側には傾斜を挟み武庫川、東側には山、そして敷地内にある一本の木などたくさんの自然に囲まれた場所だ。それらを活かせるような住宅の配置、それらに大きく開けたテラスを設計した。大テラスをガラス窓で仕切ることや小テラスの壁の一部をガラスにすることで抜け感を演出した。住宅とアトリエは二棟にして公私を物理的に分け、主要な住宅部分も二棟に分けているが、それらの屋根を敷地の中心に向かっているような傾斜をつけることで全体的な統一感を出した。

| 山﨑 有紀 | Yamasaki Yuki　　関西学院大学 建築学部 建築学科 2年

融合

課題名・**Place with a Habit: Architect's house and atelier**

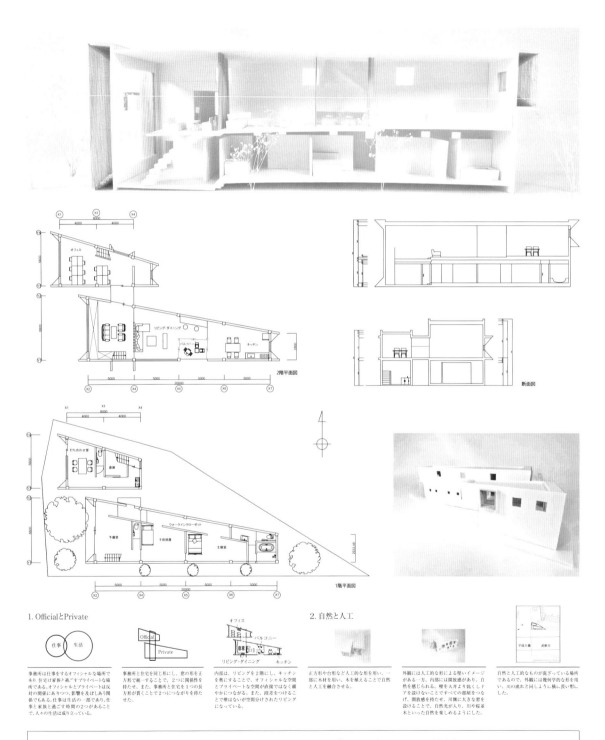

オフィス

リビング・ダイニング

バルコニー

キッチン

2階平面図

断面図

打ち合わせ室

倉庫

予備室　子供部屋　ウォークインクローゼット　主寝室

1階平面図

1. OfficialとPrivate

仕事　生活

Official
Private

オフィス
バルコニー
リビング・ダイニング　キッチン

事務所は仕事をするオフィシャルな場所であり住宅は家族と過ごすプライベートな場所である。オフィシャルとプライベートは反対の関係にありつつ、影響を及ぼしあう関係である。仕事は生活の一部であり、仕事と家族と過ごす時間の2つがあることで、人々の生活は成り立っている。

事務所と住宅を同じ形にし、窓の形を正方形で統一することで、2つに関係性を持たせ、また、事務所と住宅を1つの長方形が貫くことで2つにつながりを持たせた。

内部は、リビングを2階にし、キッチンを奥にすることで、オフィシャルな空間とプライベートな空間が直接ではなく緩やかにつながる。また、段差をつけることで壁はないが空間分けされたリビングになっている。

2. 自然と人工

正方形や台形など人工的な形を用い、一部に木材を用い、木を積えることで自然と人工を融合させる。

外観には人工的な形による堅いイメージがある一方、内部には開放感があり、自然を感じられる。壁を大井より低くしドアを設けないことですべての部屋をつなげ、開放感を持たせ、川側に大きな窓を設けることで、自然光が入り、川や桜並木といった自然を楽しめるようにした。

平成入選　武庫川

自然と人工的なものが混ざっている場所であるので、外観には幾何学的な形を用い、川の流れと同じように、横に長い形にした。

提案主旨

この住宅兼アトリエは、都市の中で自然を感じ、趣味を楽しめ、パブリックとプライベートの関係性がわかるようになっている。まず、川沿いという敷地の特徴を生かし、住宅を川側にすることで家の中から川と桜並木を眺め、自然を感じられるようにし、バルコニーや庭で趣味を楽しめるようにした。そして、2階を、住宅はリビング、アトリエは事務所とし、2階部分を繋げることで2つが完全に分かれることなく、アトリエ1階、2階、住宅2階、1階とパブリックからプライベートへ空間が緩やかに繋がるようにした。

| 吉川 仁一郎 | *Yoshikawa Jinichiro*　関西学院大学 建築学部 建築学科 2年

三田の山水

課題名・Place with a Habit: Architect's house and atelier

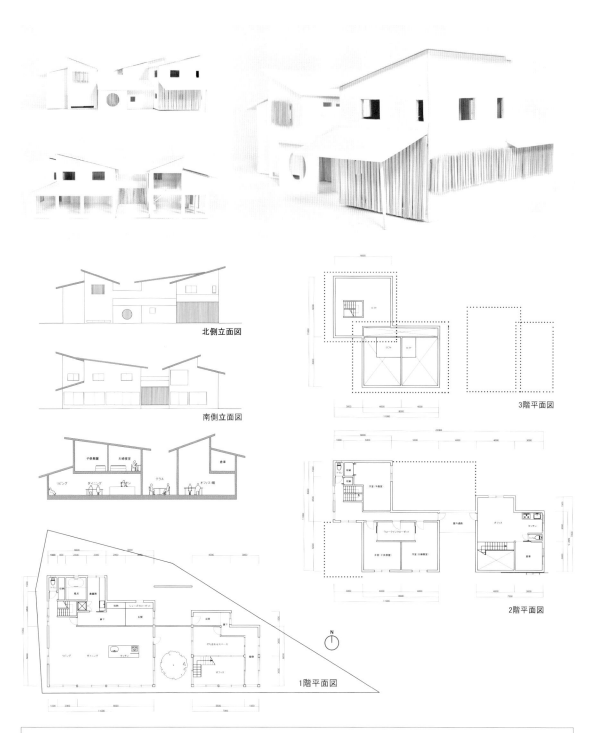

北側立面図

南側立面図

3階平面図

2階平面図

1階平面図

N

提案主旨

屋根を三田市の山の形に模倣して設計しました。山並みに揃うようにすることで、建築と周囲の環境とを一体化させる工夫をしています。また、木のルーバーを各所に使用しています。こうすることで、外側からの目線を遮るだけでなく、山の中で感じられる木漏れ日のような心地よい光が差し込みます。そして、吹き抜けの空間や、縁側の細い空間、屋根の形に沿って作られた台形型の空間など様々な空間を取り入れています。一つの家にいながら、多様な空間を味わうことができ、空間を移動することで変化を楽しめます。

| 芳村 海渡 | *Yoshimura Kaito* 関西学院大学 建築学部 建築学科 2年

川を眺める家

課題名・Place with a Habit: Architect's house and atelier

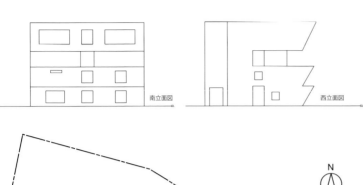

3F 平面図

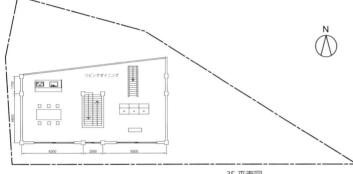

2F 平面図

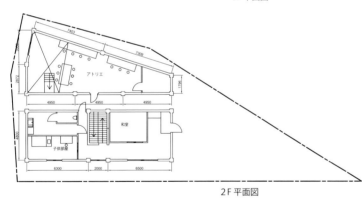

1F 平面図

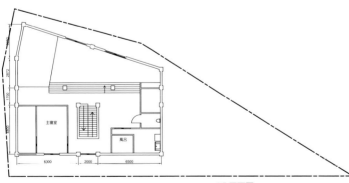

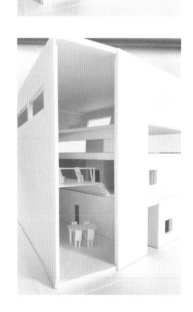

提案主旨

武庫川を両面にもつ敷地で、アウトドア好きの父親も喜ぶであろう武庫川を眺められる住宅を作りたかったので、壁面を斜めにした。壁面が庇がわりとなり、夏はすずしく、秋冬は暖かくなるような傾斜に工夫した。プライベート空間とアトリエ空間を真ん中の中庭を通して分断して、中央にはスキップフロアとしてその二つを繋ぐ空間を設けた。アトリエの玄関は入ってすぐは高さ10メートルほどの縦に長い空間にした。

| 前川 珠希 | *Maekawa Tamaki* | 関西学院大学 総合政策学部 都市政策学科 2年

うつろう住処——ハンター坂の上、1つの家族が住まう

課題名・FAMILY / Regional / NEW NORMAL / SOCIAL ISSUE ハンター坂に建つ家

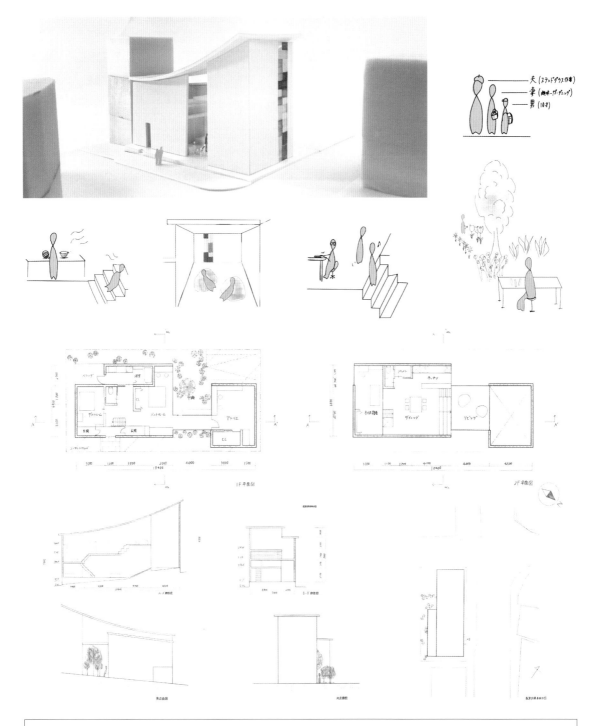

提案主旨

コンセプトは、"季節、時間がうつろう中、住処がそっと家族を包む"です。住処で暮らす上で、家族との関わりは必須です。そのため、できる限り壁を無くし、スキップフロアを採用して、空間として繋げようとしました。また、アトリエの壁面にステンドグラスを採用することで、住処とアトリエの視線が繋がり、周辺の建物や人々と、家族の住処が繋がることを意図しました。その他にも、うつりゆく中、住処を中心として広がる生活がよいものとなるように心がけました。

神戸芸術工科大学

KOBE DESIGN UNIVERSITY

■ 9坪の木造住宅

大山 遥　　うずまきな家──あつまり、つながり、ひろがる暮らし
是常 友里　自然がつなぐ螺旋空間
高木 颯大　喫茶店兼住居

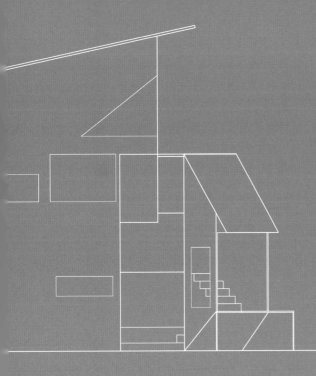

| 大山 遥 | Oyama Haruka 神戸芸術工科大学 芸術工学部 環境デザイン学科 2年

うずまきな家──あつまり、つながり、ひろがる暮らし

課題名・9坪の木造住宅

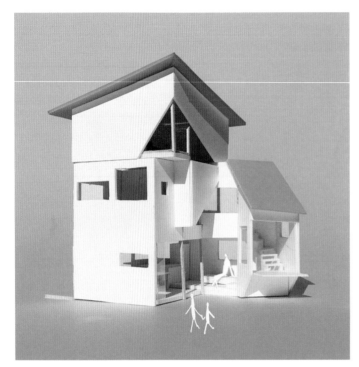

9坪の中に多様な関係を作るため、縦だけではなく横や斜めにも空間を広げる。
必要な部屋を動線に沿って線状に並べ、これをとぐろのように巻き付けることを考えた。
こうしてできる"うずまき"によって空間をからめとる。

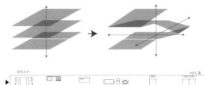

動線は入り口から順にプライベートで閉じた空間となるように設定し、
渦に沿って移動することで時間ごとに居場所が少しずつ変化する。

動線のうずは建物の中から飛び出し、敷地全体につながっている。

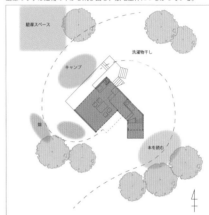

うずまき型のボリュームは一続きの空間を穏やかに区切り、
様々な対面する関係を作る。渦とは、波と波がぶつかった点
にできる現象である。南北の道に挟まれ、2つの動線がまじ
りあうこの敷地にふさわしい建築である。

主なボリュームを敷地に対して45°傾けて配置
することで、全ての方角に対して面で向き合う。
建築のまわりの活動が豊かになるだけではなく、
ボリュームの層を通じて多様な空間が生まれる。

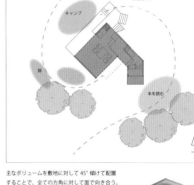

層を視線が通り抜ける。

3階　閉じることで開放する

2階　外と中を区切りながらつなぐ

1階　屋外空間を通じとる

各階平面図　　　白色の範囲は全て土間

南立面図　　　　東立面図

南断面図　　　　東断面図

提案主旨　9坪の家ということで、平面的なつながりが弱くなってしまうと考え、立体的な空間のつながりが生まれるように考えた。必要な部屋を細長く並べ、これをとぐろのように巻くことで、間仕切りや廊下を設けることなく空間を繋ぐようにボリュームを作った。動線は入り口から少しずつプライベートな空間になるように作ってあり、時間によって居場所が変化する。またこの動線のうずは建築内を下から上へ上るだけでなく、2階から庭へ降りることができるようになっており、敷地全体に動線のうずが広がるようになっている。

| 是常 友里 | Koretsune Yuri　神戸芸術工科大学 芸術工学部 環境デザイン学科 2年

自然がつなぐ螺旋空間

課題名・9坪の木造住宅

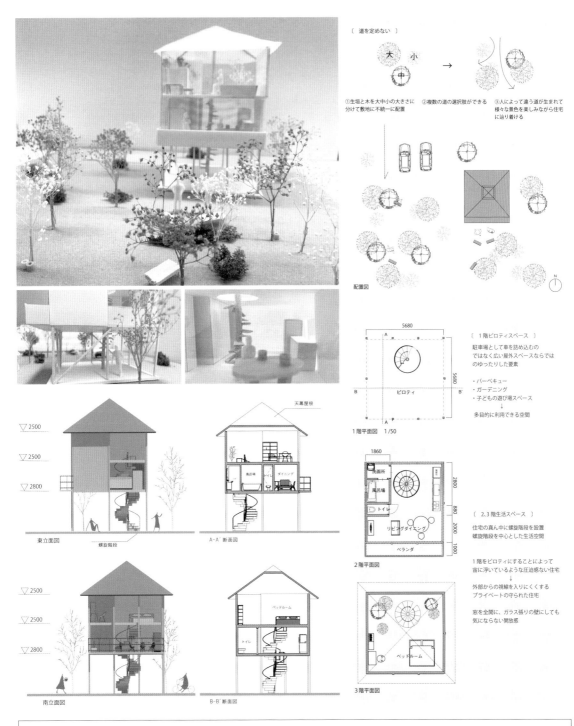

［ 道を定めない ］

大　小
中　→

①生垣と木を大中小の大きさに分けて敷地に不統一に配置　②複数の道の選択肢ができる　③人によって違う道が生まれて様々な景色を楽しみながら住宅に辿り着ける

配置図

N

1階平面図 1/50

5680
5680
A　A
B　B'
ピロティ

［ 1階ピロティスペース ］

駐車場として車を詰め込むのではなく広い屋外スペースならではのゆったりした要素

・バーベキュー
・ガーデニング
・子どもの遊び場スペース
↓
多目的に利用できる空間

2階平面図

1860
洗面所
風呂場
トイレ
リビングダイニング
ベランダ
2800
880
2000
1000

［ 2,3階生活スペース ］

住宅の真ん中に螺旋階段を設置
螺旋階段を中心とした生活空間

1階をピロティにすることによって宙に浮いているような圧迫感ない住宅

外部からの視線を入りにくくするプライベートの守られた住宅

窓を全開に、ガラス張りの壁にしても気にならない開放感

3階平面図

ベッドルーム
トイレ

▽2500
▽2500
▽2800

天幕屋根

東立面図　螺旋階段

A-A'断面図

風呂場　トイレ　ダイニング

▽2500
▽2500
▽2800

南立面図

B-B'断面図

ベッドルーム
トイレ

提案主旨　森林のようなどこを歩いても違った景色を楽しめる庭園住宅。 敷地内にある木などの自然が螺旋のように円を描いて広がる姿はそこを訪れる人に安らぎを与え、都市の中でも落ち着けるような空間となっている。入口から住宅にたどり着くまでの道はそこを歩く人の気分や考えによって変えることが可能で、それぞれのお気に入りの場所や景色を見つけることが出来る。また同じ場所でも様々な景色、思い出を残すことが出来る。

| **高木 颯大** | *Takagi Hayato*　　神戸芸術工科大学 芸術工学部 環境デザイン学科 2年

喫茶店兼住居

課題名・9坪の木造住宅

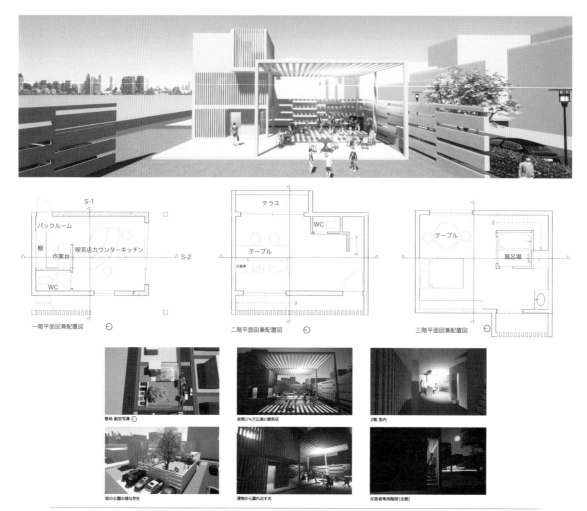

一階平面図兼配置図

バックルーム

棚　　作業台　喫茶店カウンターキッチン

WC

S-1　　S-2

二階平面図兼配置図

テラス

WC

テーブル

冷蔵庫　　UP

三階平面図兼配置図

テーブル

風呂場

敷地 航空写真

夜間ジャズ公演と喫茶店

2階 室内

街の公園の様な存在

建物から漏れ出す光

住居者専用階段(北側)

建物西側を覆うルーバーは、室内に入り込む日中の光量を調節すると共に、夜は室内からの光を漏らすことで、人と木と光の暖かみを感じられる街のランドマークとなる。また、人の目線を遮る効果も期待できる。
9坪の建物の横には一階と連続したテラスがあり、日中は喫茶店の飲食スペースとして活用できる。その他にも、フリーマーケットの様な催し物の会場、小さな街角のライブ会場など、様々な『パブリック』を提供する。
住居スペースは2、3階にあり、2階はキッチンとトイレがある。3階は寝室と洗面台、風呂場、洗濯物を干すためのベランダがある。2階までは客人がきても、あまり気にする必要の無い『プライベート』空間、
3階は住居者だけの完全な『プライベート』空間となっている。階高ではっきりと区別することで、日常的に『パブリック』と『プライベート』を共にする住居者同士も、メリハリのある生活ができる。

S-1 断面図

南側 立面図

4550

S-2 断面図

9000

6370

西側 立面図

↑ プライベート

↓ パブリック

提案主旨　　長年この街で暮らし、子育てを終えた夫婦二人で営む喫茶店。地域の人との関わりを大切に、生活空間と仕事場を行き来する生活はルーバーによってプライベートを守りながらも、日々夫婦でパブリックを提供している。9坪という狭い空間の中で密接になるコミュニティは、仕事や学校終わりの人の癒しにもなる。

神戸大学

■ 開かれた家

磯野 巧輔　御福分之家──Ofukuwake-House
杉田 七海　余白で育つ家
宮本 知美　しゅみぐらし

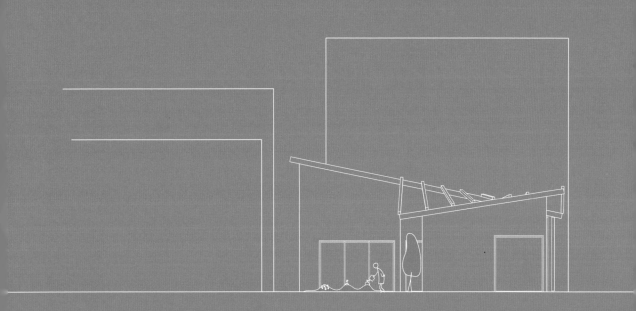

| 磯野 巧輔 | Isono Kosuke　神戸大学 工学部 建築学科 2年

御福分之家──Ofukuwake-House

課題名・開かれた家

西側立面図

A-A' 断面図

ボリュームを二つに分ける。
手前の南側は DK 兼料理教室、
奥の北側は居住空間。

斜めに軸線を貫き、それに
沿わせて居住空間に縁側を
設ける。

居住空間の中にハコをずらし
て配置し、二つの動線が絡み
合うようにする。
（赤-居住者　緑-来客）

○引き戸

気候や場面によって開閉する

閉じると　家族のプライベートを守る

開くと　　内と外の境界を曖昧にする縁側
　　　　　内と外の境界が新たな居場所となる
　　　　　ベンチ

外の人も中の人も腰掛ける

○料理教室

本職ではないため、不定期開催で規模は小さい。

ウチとソトとで視線や活気が行き交い、
つながりの輪が拡がる。

近所の子供達に向けて開催することも。

屋台のような風景

気軽に足を踏み入れることが出来る

土間と小上がり

子供も作業がしやすい。空間を緩く分節

○切り取る　―「景」を介した豊かさのおすそわけ―

―ソトから―

開口等によって
この家で営まれる
生活風景を切り取り、
その風景から発見が
生まれる。

―ウチから―

ソトやウチを見る
ことで、豊かさを
享受できるように。

【1階から】

和室

縁側 を見る

類

【2階から】

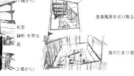

食事風景を切り取る

食のたまり場

○見せるところと見せないところ

幅の小さい壁を斜めに配置

Ａ 寝室を見せずに

ｂ 美しそうな内側の風景は見せる

上からの視線は落ち着かない
西側のマンションからの視線をカット

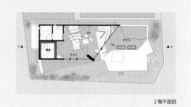

3 階平面図

2 階平面図

1 階平面図

提案主旨

おすそ分け文化に着目し、地域に開かれた家を設計した。料理教室やご近所さんと団欒できる場所というのを、食のたまり場として南側に設けた。つくられたお菓子などはおすそ分けされる。そして、引き戸を開くと中からも外からも座れるベンチが現れるが、境界に新しい居場所が生まれ、この家は地域に開かれる。食べ物以外にも福を分け与えられないか、この家で営まれる風景を切り取って、ソトに魅せたりウチから見たりして、豊かさや新たな発見の相互的なやり取りが生まれることを狙い、フレームや開口を散りばめている。

| 杉田 七海 | Sugita Nanami　神戸大学 工学部 建築学科 2年

余白で育つ家

—— 課題名・開かれた家

1. 機能ごとにユニットに分割し、共用リビングで繋がる
居住スペースと子ども食堂スペースに分ける。

2. 居住者と地域の人々の動線に合わせてユニットを回転・上下移動させ、
隣り合う棟を緩やかに繋げる。

3. 様々な「余白」が形成される。

4. 時間とともに、地域と家族の関係性が深まり、また、関係性の変化とともに、余白の使われ方が変化する。この余白の変化に伴い家は成長し続ける。

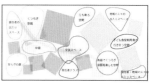

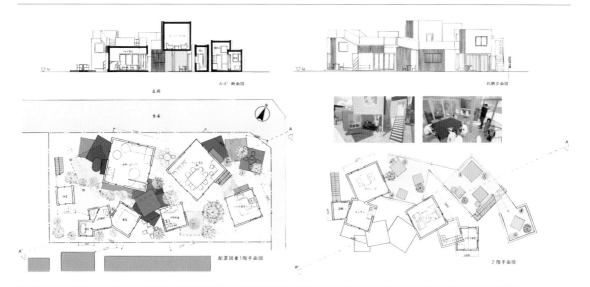

A-A' 断面図　　立面　　北側立面図

配置図兼1階平面図　　2階平面図

提案主旨

夫婦と子供の3人で暮らす、子ども食堂が併設した住宅を提案する。公園や歩道と、部屋の機能ごとに分割した12の棟により生み出される余白を共有することで、地域・環境へと開かれた住宅を目指した。ここでの余白は「余り」ではなく「意図を持つ空間」を意味する。地域と共に成長し続ける住宅は、人々が余白を利用することで初めて完成する建築である。さらに、12の棟を緩やかに繋げることで、広大な公園と密集した住宅街地域コミュニティと都市的公共性、プライベートとパブリック、これらの相反することを緩やかに連続させる。

| 宮本 知美 | *Miyamoto Tomomi* 　神戸大学 工学部 建築学科 2年

しゅみぐらし

—— 課題名・開かれた家

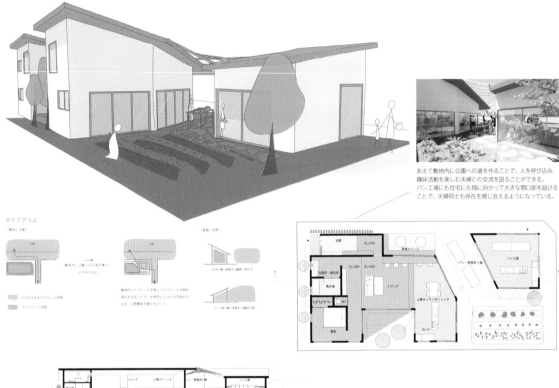

あえて敷地内に公園への道を作ることで、人を呼び込み、趣味活動を楽しむ夫婦との交流を図ることができる。パン工場にも住宅にも畑に向かって大きな開口部を設けることで、夫婦同士も存在を感じ合えるようになっている。

ダイアグラム

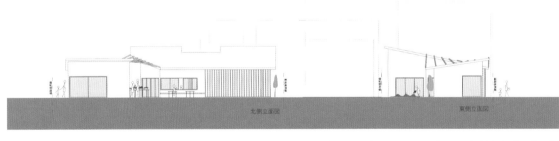

北側立面図　　　　　　　　　　　　　　　東側立面図

A-A' 断面図

土間キッチンからパン・野菜売り場をうかがえる。

窓を開けると地域の方と会話することができ、住人と地域との交流が図れる。

ロフトからの眺め。リビングにいるときより屋根を至近距離で感じられ、また違った印象を与える。

正面のルーバーは開閉可能で人目を気にせず生活することも人と交流することも可能である。

提案主旨

子育てと仕事を終えた夫婦が趣味を楽しむための家を提案する。親子が利用する公園の目の前に建てることで、子供を見守りながら親も楽しめる場を提供したいと考えた。分棟式とした東側の棟では、妻が子どもから大人まで気軽にパン作りを楽しめるパン教室を開く。東西を分断するようにできた公園への小道は、夫が趣味で育てた野菜とパンを販売することで地域の交流の場となる。歳を重ねるごとに閉ざされていく人間関係を好きなことを通して開いていける住宅を目指した。

武庫川女子大学

MUKOGAWA WOMEN'S UNIVERSITY

- 民家の多目的スペース＋コミュニティカフェへのリノベーション
- 都市を感じる家──都市型住宅のケーススタディ
- 新たな魅力が生まれるシェアハウス

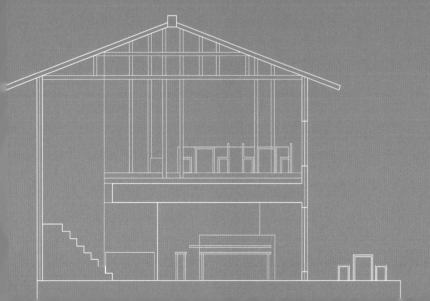

| 福岡 彩純 |Fukuoka Azumi　武庫川女子大学 生活環境学部 生活環境学科 3年

音空感——音や空気が一体となり、建物内に満ちる

課題名・民家の多目的スペース＋コミュニティカフェへのリノベーション

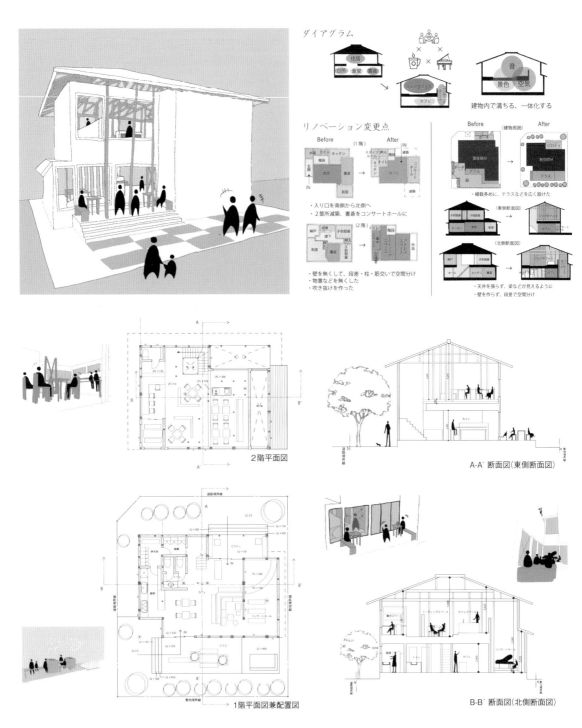

ダイアグラム

建物内で満ちる、一体化する

リノベーション変更点

・入り口を南側から北側へ
・2箇所減築、書斎をコンサートホールに

・壁を無くして、段差・柱・筋交いで空間分け
・物置などを無くした
・吹き抜けを作った

・植栽多めに、テラスなどを広く設けた

・天井を張らず、梁などが見えるように
・壁を作らず、段差で空間分け

2階平面図

A-A´断面図（東側断面図）

1階平面図兼配置図

B-B´断面図（北側断面図）

提案主旨　木造住宅をリノベーションして計画された、地域に開かれた多目的スペースを含めたコミュニティカフェ。元々あった和室部分など2箇所減築をして、流動的な動線になるようにした。また、壁の使用を必要最低限にし、筋交いや柱、段差などをつけて、緩やかに空間を区切っている。1階には、カフェと、このカフェの特徴でもあるコンサートホールがある。そこの天井が一部吹き抜けになっており、壁が少ないことと相まって、1階から2階まで同じ音や空気、気配を感じられる、一体化した空間となっている。

| 木戸 友香子 | Kido Yukako 　武庫川女子大学 生活環境学部 生活環境学科 3年

花色の家──市街地に建つ絵本作家の住宅

課題名・**都市を感じる家**──都市型住宅のケーススタディ

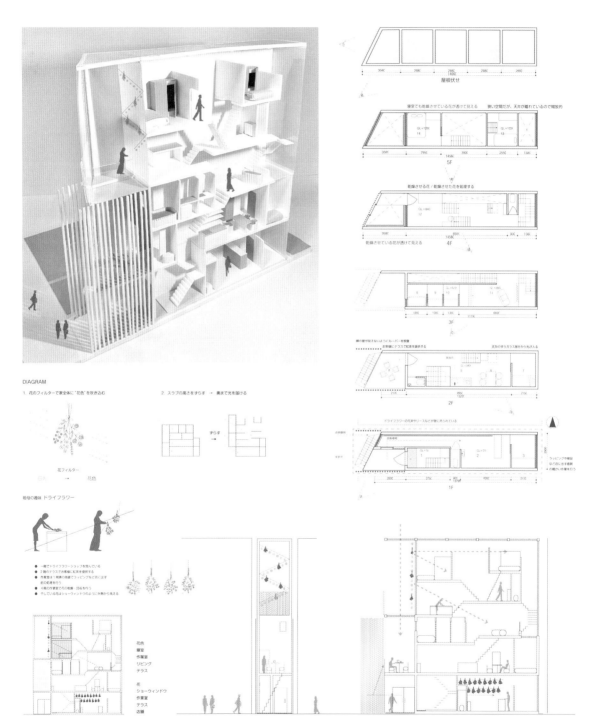

DIAGRAM

1. 花のフィルターで家全体に'花色'を吹き込む

2. スラブの高さをずらす → 奥まで光を届ける

花フィルター

祖母の趣味 ドライフラワー

提案主旨　祖母の趣味をドライフラワー作りに設定し、ドライフラワーを通して、都市の中で自然を感じることをコンセプトに設計しました。細長く狭い土地に花・日光・風の自然を入れ込むために、花のフィルターで家全体に花色を吹き込み、スラブの高さをずらすことで奥まで光を届ける工夫をしました。1階ではドライフラワーショップを営み、テラスで紅茶を提供、1階奥の部屋でラッピングなどお店に出す前の処理、4階の作業室で花の乾燥・回収を行います。また、干してある花はショーウィンドウのように外側から見えるよう設計しました。

| 中川 貴世 | *Nakagawa Kiyo* 武庫川女子大学 生活環境学部 生活環境学科 2年

光の遊び場

課題名：**都市を感じる家**──都市型住宅のケーススタディ

Diagram

生活空間の領域を区切り、
「部屋」か「場所」で分ける

部屋をひとつの箱として扱い、
階段で動線を繋ぐように配置する

提案主旨

影は光を可視化することのできる唯一の存在であり、季節や時間と共に姿を変える影を通して光を知覚する。それによって新たな「空間の表情」を感じられる住宅をコンセプトに構成を考えた。この住宅の要とも言えるスケルトン階段は、トップライトから落ちる光を受けることで、日時計の役割を担う。都市部で日々を送る中で、敢えて原始的な方法で時の流れを感じる、またそれによって外部との繋がりを感じることができるのは、都市型住宅でしか体感することのできない贅沢な空間の感じ方なのではないかと考えた。

| 長瀧 紀歩 | Nagataki Kiho | 武庫川女子大学 生活環境学部 生活環境学科 2年

回段の家──回りながら登る階段

課題名・都市を感じる家──都市型住宅のケーススタディ

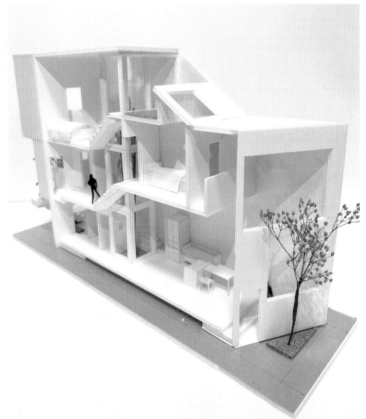

Diagram

一階から屋上まで一本でつながる蛍旋階段

狭小住宅において「蛍旋階段」はスペースの省略となる。
また、階段が一つしかないことから、「家族との出会い場」にもなる。
蛍旋階段の中心に外部空間を設け、植物のある中庭とすることで
「開放感」を出している。

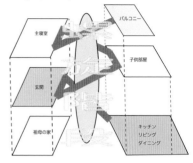

Checkpoint

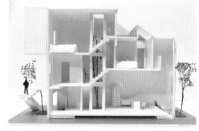

1.各場所に散りばめられた緑

手前、中心、奥と三箇所に木、竹を植えた。
周辺環境との対比として、
家のどこにいても自然を感じることができる。

Viewpoint

2. リビング空間

二階部分までの吹き抜け空間とし、開放感を設けた。
前面庭に接するため、くつろぎながら自然を楽しむことができる。
子供部屋に設けた室内バルコニーとつながっており、
身近に感じることができる。

2. 斜めに切り取られた住宅

他の住宅との差別化をはかり、シンボル性を高めた。
斜めにカットをすると垂直線よりも自然との接地面が増える。

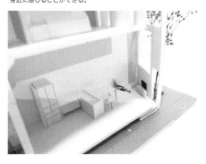

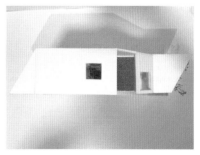

1. 祖母の部屋の土間空間

段差を設けたことで、気軽に腰を掛けることができる。
目の前に木があるため、身近に自然を感じつつ、
道路からの視線を遮ることができる。

提案主旨 コンセプトは忙しない日常のリフレッシュができる住宅です。「対象地域は建物や住宅が密集しており自然とかけ離れていること」と「階段は人々が必ず使用すること」に着目し、階段の近くに自然を配置することで、日常の中で自然とリフレッシュができる構成となっています。ポイントは「中心に位置する蛍旋階段」「斜めに切り取った外構」「三箇所に散りばめられた緑」です。蛍旋階段の中央の、どの部屋からも眺めることができる竹は、この住宅のシンボルとなっています。

| 中村 友希乃 | *Nakamura Yukino*　武庫川女子大学 生活環境学部 生活環境学科 2年

凹凸──光の射す空間

課題名：**都市を感じる家**──都市型住宅のケーススタディ

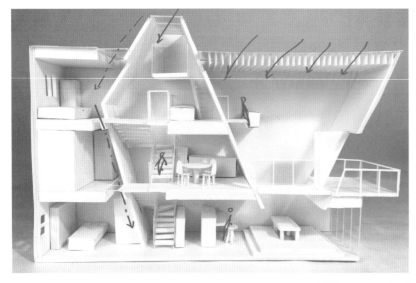

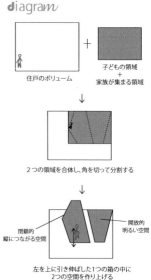

diagram

住戸のボリューム ＋ 子どもの領域 ＋ 家族が集まる領域

2つの領域を合体し、角を切って分割する

閉鎖的 縦につながる空間　開放的 明るい空間

左を上に引き伸ばした1つの箱の中に
2つの空間を作り上げる

光　ボリュームを
カットして
バルコニー
とする

風

床を挿入し、壁との間に隙間をつくり
光を下に導く

ガラス張りにすることで奥行き
を出す。バルコニーの下の空間
は自転車の駐輪場に使ったり、天
気のいい日はガラス戸を開けて
土間空間を広々と使用できる。

スケルトン階段にすることによっ
て光をひそかに取り込む。また、
家族の気配を感じやすい。

客間の1階から見える景色は広々
としていて、この建物のいちばん
の魅力と言える。

開放的な空間に行くときに、にじ
り口を採用することでより広い空
間を味わうことができる。小さな
開口部から入る光が、閉鎖的な
空間により鋭く差し込む。

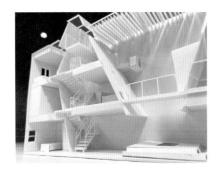

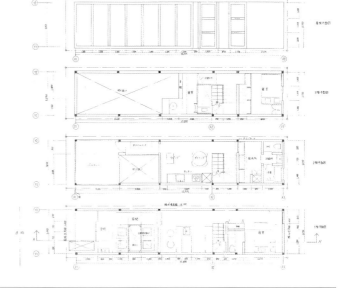

提案主旨

小さな敷地でも「異空間」と「光」を感じてほしいということをテーマに狭小住宅を設計しました。2つに分割する壁を斜めにすることで空間に差を与え、対照的に空間を感じるようにしました。幅が狭い敷地でも、吹き抜けにすることで上への空間の広さを感じられると考えました。そこで、掘りごたつから上を見上げると開放的な空間が広がり、のびのびとすごすことができるという魅力をつくりました。また、天井にあるルーバーが日射時間によって影を動かす仕掛けをつくり、その一瞬を楽しめるようにしました。

| 葉狩 わか菜 | Hakari Wakana　　武庫川女子大学 生活環境学部 生活環境学科 2年

都市空間を引き寄せる住まい——道行く人の立ち寄る所

課題名・**都市を感じる家**——都市型住宅のケーススタディ

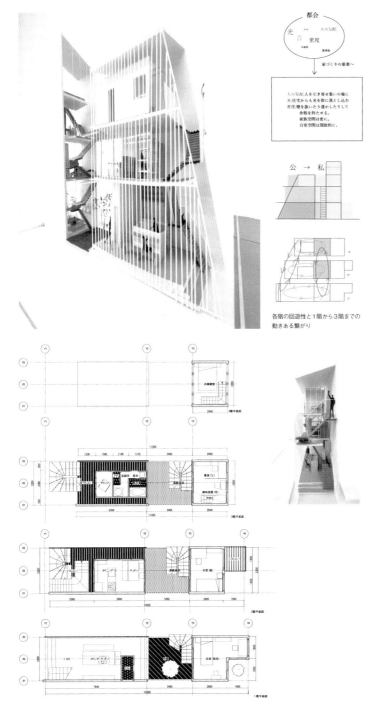

都会

光　　人の気配

音　密度

↓

家づくりの要素へ

人の気配と人を引き寄せ憩いの場に
光・住宅から光を街に落とし込む
密度・壁を抜いたり透かしたりして
余裕を持たせる。
家族空間は密に。
自室空間は開放的に。

公 → 私

各階の回遊性と1階から3階までの
動きある繋がり

都市空間を感じる住宅が持つ3つの要素

I 賑わいを感じる

II 移ろいを感じる

III ◯◯を感じる

提案主旨　この住宅が建つ場所は大阪の日本橋である。繁華街であるため人々が多く行き交い「落ち着き」という言葉よりも「賑やか」という言葉が相応しい。そんな都市部特有の要素を設計に活かすことを試みた。その要素とは光・音・人気・密度の高さなどである。ガラス張りのリビングや個室の窓からの柔らかな光が街を照らしている。開放的な1階部分は人々の憩いの場となる。隣と密接した土地の中でも中庭やルーバーで余裕がうまれ、空や屋外の空気を取り込む。どこまでも境界線はなくこの場所に建つ意味を教えてくれるそんな住宅である。

| 村上 晴栄 | *Murakami Harue* | 武庫川女子大学 生活環境学部 生活環境学科 2年

光と暮らす

—— 課題名・**都市を感じる家**—— 都市型住宅のケーススタディ

道路側の正面は、二・三階は全面ガラスであるが、視線を遮りつつ、内部空間からは抜け感を感じさせるため、パンチングメタルで覆った。

祖母が近所の人と交流できる場として庭と土間を設けた。また、祖母の主に生活する空間をまとめ、できるだけ階段の上り下りを減らすことで負担を軽くした。

DIAGRAM

箱を4層に分ける

箱の一部を抜く

1. ゾーニング
一階はパブリックなスペース。祖母の生活空間に含めることで気軽に人との交流ができる空間となっている。東側はパーソナルな空間になっている。

2. 採光
上部から光が差し込むように切り取る。

3. 回遊性
階段を積むように配置することで回遊性を生み出している。

4. 家族の共有スペースは明るく
敷地周辺は建物が密集しており、暗い印象を受けたため、LDK は三階にもってくることで、採光をしやすくした。また、リビングはトップライトを設け、より明るい空間を演出する。

5. 視線の抜け
階段を端に配置し、中央はつなぐ廊下としたことで視線が抜ける。縦方向の広がりだけではなく、仕切りを減らし、廊下のつなぎをつくることで、横方向の広さを活かし、狭さを感じさせないように意識した。

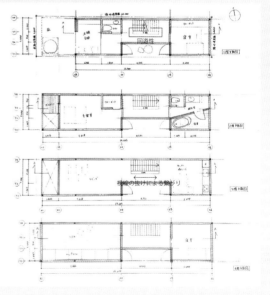

提案主旨

限られたスペースの中でどのように空間を感じるかという課題に対し、空間を感じることは光を感じることであると定義し、採光に重点を置き計画した。上からの自然光を取り入れるため、一階から四階までガラスで貫き、建物の密集した場所にある狭小住宅でも光が届くように工夫した。また、計画地は人の視線が通りやすい道路に面しているため、二階と三階は全面ガラスにパンチングメタルを覆うことで、視線を遮りつつ、内部には光が届くようにした。

| 玉木 露嶺 |*Tamaki Tsuyune*　武庫川女子大学 生活環境学部 生活環境学科 2年

ジグザグな家

—— 課題名：新たな魅力が生まれるシェアハウス

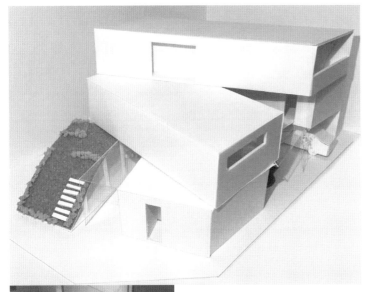

ダイアグラム

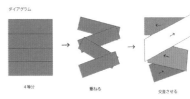

4等分　　　　重ねる　　　　交差させる

1階は子ども食堂と地域の人たちの休憩スペースになっている。芝生や座れる場所があるので、いろんな人と交流できる場となっている。時間帯によって光が差し込み食堂や休憩スペースが明るくなる。

2階の共有スペースから部屋には渡り廊下を通って移動する。1階の天井はガラスになっているので、下の様子がわかる。

2階や3階からテラスに出られる。2、3階のテラスは住民用。2階のテラスは景色を楽しめ、3階のテラスは視線を感じないので洗濯干しなどプライベートな空間となっている。入り口の階段から上がれるテラスは誰でも利用可能。

1階　　　　　　　2階　　　　　　3階

←　住民、管理人
←　子供、地域の人

芝生の坂の下は自転車置き場になっている。

提案主旨

このシェアハウスの特徴は外観。シェアハウスの住宅部分をずらし、ジグザグに積み重ねることでその隙間に光や風が吹き抜ける。それによってできた空間に人が集まり、地域の人との交流もうまれる。1階は子ども食堂と休憩スペースで芝生の坂を登るとテラスがある。2階と3階は住居になっておりテラスもそれぞれの階にある。2階のテラスは景色を楽しめ、3階のテラスは視線を感じないので洗濯干しなどプライベートな空間。パブリックとプライベートを分け地域の人との交流も可能なシェアハウスになっている。

| 中村 友希乃 | *Nakamura Yukino*　　武庫川女子大学 生活環境学部 生活環境学科 2年

繋ぐイエ──大きなひとつのイエを共に過ごす。

課題名·新たな魅力が生まれるシェアハウス

diagram

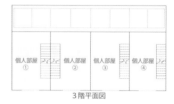

大きな五角形をつくる　→　L字型に点線の部分を　→　天井を下げて　→　右側を個人の空間
　　　　　　　　　　　　カットして区切る　　　縮めてずらす　　　左側を共有の空間
　　　　　　　　　　　　　　　　　　　　　　　　　　　　　　に分ける

zoning

北側の館と南側の館を繋ぐ橋が空間を仕切っている。南側の館は
4つの階段を挟んでキッチン、リビング・ダイニング、ギャラリーを
同じ空間内で区切り、水回りは北側にゾーニング分けされている。
また、その4つの階段が個人の部屋につながることでプライベートな
空間を守っている。

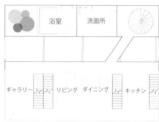

3階平面図

2階平面図

1階平面図

◀左右と屋根をガラス張り
にすることで、採光をとり
入れる。2階の橋にいる人
ともコミュニケーションを
とれるような親しみやすい
空間の設計を行った。

提案主旨

大きなひとつのイエを共に過ごすということをテーマにシェアハウスを設計しました。1階の真ん中に食堂をつけるだけでなく、天井や壁
を取り除き、2階のリビングとも空間として繋ぐことで、みんなが過ごしている温かい空間を共有することから人とのつながりを表現しま
した。3階へ続く4つの階段は、共有空間と繋げることで個人の部屋のプライバシーを守りつつ、共有空間への架け橋となる役割をしてく
れています。

あとがき

八木 康夫
関西学院大学 建築学部 教授

まずは、第2回兵庫県建築大学住宅設計課題合同講評会の開催、さらにオフィシャルブック刊行という一連の流れに対しご協力頂きました「住環境デザイン」兵庫大学連携研究会の各大学の先生と運営学生の皆さんに感謝申し上げます。

さて、私の今年度の感想ですが、都市の肥大化とその持続性が求められる中での住宅空間を検討する過程で、古さや非効率さを「時代の遺物やノイズ」として排除するのではなく、都市と住宅の中間領域としての新たな領域としてとらえ、過去／未来、自然物／人工物、マスと個等々の多様なベクトルが同時多発的に存在していた作品が多いと感じました。

最後になりましたが、株式会社建築資料研究社／日建学院様に感謝申し上げます。

渡辺 賢太郎
学生住宅作品展2023 代表 ／ 関西学院大学3年

まず、昨年に続き今年も無事に開催できたことを嬉しく思うと同時に、関係者並びに先生方にこの場を借りて感謝申し上げます。「衣食住」。この「住」を担う住宅設計は建築を学ぶ学生にとって一つの重要なテーマとなります。「人々の生活の基礎となる住宅をどのように提案するか。」は各大学の課題を通して、様々な前提を持ちながら学生へと問われたと思います。その問いに答える多くの学生に今回、出展していただいたことで多様性に富んだ講評会になりました。それらの作品は学生同士の交流のきっかけや、議論の対象となることで学びの深い講評会になったのではないかと感じております。

仲田 有志
学生住宅作品展2023 副代表 ／ 関西学院大学3年

自身のアイデアを駆使して表現された作品が並ぶ会場。それらを前に先生や学生が話し合い、時に覗き込みながら議論する様子を見て、今年度も無事に開催できたことを実感しました。参加した学生にとって多くの先生方から講評を受け、学生同士で各々の住宅を介して語り合ったことが、学びを深める良い機会になったと考えています。今後も建築学生のネットワークの起点として、また各々が描く住宅の理想像を目指して建築の学びを深める場として発展していくことを期待しています。

奥中 涼太
学生住宅作品展2023 実行委員 ／ 関西学院大学3年

本講評会を無事に開催できたこと、そして書籍班として活動に関わる機会を得られたことに心から感謝申し上げます。各学校が出した設計課題を、多くの素晴らしい大学の先生方に囲まれながら発表できたことは、滅多にない貴重な機会でした。この経験を通じて、たくさんのことを学び、充実した時間を過ごすことができました。さらに、学校の枠を超えて他の学生とも意見交流ができたことは、新たな視野を広げるきっかけとなりました。これらの経験は私にとって将来の成長につながるものでした。これからも、この活動の輪が広がることを願って。

池田 采矢
学生住宅作品展2023 実行委員 ／ 武庫川女子大学3年

昨年に続き開催するにあたり、他大学の学生と協力しながら活動を進められたこと、多くの学生が興味を持ち参加してくれたことを嬉しく思います。参加する中で、学生主体で作品展を作り上げていったり、他大学の先生方からの講評や学生同士で交流をしたり、普段経験できないことをできるのがこの住宅作品展の1つの魅力だと感じていました。この良い機会を多くの建築学生にも経験してほしいし、これをきっかけに交流が広がり、学生同士で知識やアイデアなどを深め、今後に活かせるような活動になってほしいです。

小林 徹平
学生住宅作品展2023 実行委員 ／ 大手前大学2年

各大学の学生が制作した住宅の図面と模型が並べられ、トラブルもなく順調に講評会が進み、終わりの挨拶を見届けた時、会場運営班として仕事を終えることができたと感じました。作品を見ていると大学によって設計指導方針が違い、模型が白で統一されていたり、図面が手書きでかかれていたりなど、異なる指導をしていることが見て取れました。 参加者同士で異なる学び、考え方に刺激しあう講評会になったと考えています。今後も建築を通し、参加者が互いに高め合えるイベントとして続けられることを願っています。

夢への近道、
見つけた！

あなたの答えの一番近くに

受講生ファーストの 日建学院

日建のここがすごい POINT 5

日建学院 1993年〜2022年の合格実績

1級建築士 (全国累計146,291人※)

76,529人

当学院の1級建築士 合格者占有率 **52.3%**

この30年間に誕生した1級建築士の半数以上が日建学院の受講生です！

POINT 01 1993年から2022年の1級建築士合格実績

この30年間に誕生した1級建築士の半数以上が日建学院の受講生です！

1級建築士 合格実績 **No.1**

※ 上記全国累計は（公・財）建築技術教育普及センター発表試験結果（1993〜2022年）のデータです。

POINT 02 おかげさまで10冠達成！
外部調査機関調べ

- 総合満足度
- 顧客満足度 No.1
- リピート満足度
- 使用教材の満足度
- カリキュラム充実度
- 価格の満足度
- 設備体制学習環境の充実度
- 職員の対応サポート力
- 担当者の最適なコース提案力
- 感染対策の満足度

建築士講座 AWARD No.1 2021 JMR

日本マーケティングリサーチ機構　調査概要：2021年9月期_顧客満足度調査

POINT 03 私も日建学院で1級建築士を取得しました！

だからこそできる受講生ファースト！コンプライアンスを重視し、徹底的にサポート！

1992年 3月　早稲田大学理工学部建築学科卒業
1992年 3月　大成建設㈱東京支店入社
　　　　　　※在職中に1級建築士／1級建築施工管理技士 取得（日建学院 通学）
2000年 1月　㈱建築資料研究社／日建学院に入社
2007年 7月　代表取締役社長 就任
　　　　　　現在に至る

代表取締役　馬場 栄一

POINT 04 大学生の1級建築士合格者の多くが日建学院生です！　合格

	占有率		占有率		占有率
九州工業大学	70.0%	大阪市立大学	66.7%	日本女子大学	64.3%
日建学院合格者数 7名／合格者数10名		日建学院合格者数 22名／合格者数33名		日建学院合格者数 9名／合格者数14名	
関東学院大学	58.3%	滋賀県立大学	57.1%	大分大学	55.6%
日建学院合格者数 7名／合格者数12名		日建学院合格者数 8名／合格者数14名		日建学院合格者数 10名／合格者数18名	
大阪大学	55.2%	東京大学	54.5%	名古屋大学	54.5%
日建学院合格者数 16名／合格者数29名		日建学院合格者数 12名／合格者数22名		日建学院合格者数 12名／合格者数22名	
日本工業大学	52.6%	東京工業大学	50.0%	北海道大学	50.0%
日建学院合格者数 10名／合格者数19名		日建学院合格者数 13名／合格者数26名		日建学院合格者数 11名／合格者数22名	
琉球大学	50.0%	東京都立大学	48.4%	東洋大学	48.3%
日建学院合格者数 5名／合格者数10名		日建学院合格者数 15名／合格者数31名		日建学院合格者数 14名／合格者数29名	

※上記数値に無料の役務提供者及び、模擬試験だけの受講生は含まれておりません。※2023年1月末日の当社独自調べによる速報値です。（2022年度合格者占有率）

POINT 05 建築士法改正後、1級建築士全国最年少合格者(20歳)も日建学院から輩出しました！

最短ストレート合格者続々！

1級建築士合格／甲斐 碧さん

1級建築士合格／小林 芽衣さん

株式会社建築資料研究社　東京都豊島区池袋2-50-1　受付／10:00〜17:00（年末年始、土・日・祝日を除く）

学生住宅作品展2023 実行委員

代表　　　：渡辺 賢太郎（関西学院大学）
副代表　　：仲田 有志（関西学院大学）
企画・運営：小林 徹平（大手前大学）
　　　　　　奥中 涼太、北川 愛衣、北野 貴章、塩田 紫乃、中谷 茉莉、長友 優奈、森口 宗達（関西学院大学）
　　　　　　池田 采矢、伊藤 優香、木戸 友香子、高木 晴代、中川 貴世、松下 美桜、村上 晴栄（武庫川女子大学）

学生住宅作品展 2023

2023年10月30日　初版第一刷発行

編著　　：学生住宅作品展2023 実行委員

企画　　：八木 康夫（関西学院大学）
　　　　　狩野 誠（建築資料研究社／日建学院）

製作　　：岩崎 員也（建築資料研究社／日建学院）
編集　　：種橋 恒夫、三塚 里奈子（同）
写真　　：川﨑 典子、坂本 賢、宮嶋 武信、山上 誠（同）
デザイン：大坂 智（PAIGE）

発行人　：馬場 圭一（建築資料研究社／日建学院）
発行所　：株式会社建築資料研究社
　　　　　〒171-0014 東京都豊島区池袋2-38-1-3F
　　　　　TEL 03-3986 3239　ＦAX 03-3987-3256
　　　　　https://www.ksknet.co.jp/

印刷　　：株式会社広済堂ネクスト

2023 Printed in Japan
©学生住宅作品展2023 実行委員
ISBN978-4-86358-894-3